자녀 마음에 하나님을 새기라

자녀 마음에 하나님을 새기라

지은이 | 신형섭
초판 발행 | 2020. 2. 18
10쇄 발행 | 2025. 2. 12
등록번호 | 제1988-000080호
등록된 곳 | 서울특별시 용산구 서빙고로65길 38
발행처 | 사단법인 두란노서원
영업부 | 2078-3333   FAX | 080-749-3705
출판부 | 2078-3331

책값은 뒤표지에 있습니다.
ISBN 978-89-531-3700-4 03230

독자의 의견을 기다립니다.
tpress@duranno.com   www.duranno.com

두란노서원은 바울 사도가 3차 전도여행 때 에베소에서 성령 받은 제자들을 따로 세워 하나님의 말씀으로 양육하던 장소입니다.
사도행전 19장 8-20절의 정신에 따라 첫째 목회자를 돕는 사역과 평신도를 훈련시키는 사역, 둘째 세계선교(TIM)와 문서선교(단
행본·잡지) 사역, 셋째 예수문화 및 경배와 찬양 사역, 그리고 가정·상담 사역 등을 감당하고 있습니다. 1980년 12월 22일에 창립된
두란노서원은 주님 오실 때까지 이 사역들을 계속할 것입니다.

Re-construct
Re-call
Re-member

자녀 마음에

교회와 부모가 함께하는 신앙 교육 매뉴얼

신형섭 지음

하나님을

Re-tell
Re-turn
Re-equip
Re-celebrate

새기라

40th 두란노

다음 세대의 부흥! 저는 이 단어만 들어도 가슴이 뜁니다. 어서 달려가서 이 부흥의 파도를 가슴으로 맞아 보고 싶지 않습니까? 이 책은 그 다음 세대 부흥의 파도 정상에 서서, 그 부흥을 노래하며 감격의 깃발을 흔들고 있습니다. 이 책을 읽는 모든 부모 세대가 곧 그 감격스러운 깃발을 함께 붙들고 눈물겹게 흔들게 될 것입니다.

이전호 · 총신교회 담임목사

기다리던 책이 드디어 나왔다. 다음 세대 목회의 정곡을 찌르는 책이다. 부모를 세워 자녀의 마음에 하나님을 새기는 교육의 원리와 실제가 알뜰하게 들어있다. 이 책은 단지 책상에서 쓴 글이 아니라 다음 세대를 사랑하는 저자가 현장에서 삶으로 쓴 책이다. 교회와 가정, 목회와 교육, 부모와 자녀를 하나로 묶는 이 책을 목회자, 교사, 부모의 필독서로 추천한다.

박상진 · 장신대 기독교교육학 교수

이 책은 그동안 한국 교회가 찾고 있던 다음 세대 신앙양육이 나아가야 할 길과 소망을 선명히 보여 주고 있습니다. 다음 세대 교육은 교회학교만이 아닌 믿음의 부모가 함께, 그리고 주일만이 아닌 일상의 삶에서 실천되어야 함을 매우 설득력 있게 강조하고 있습니다. 오늘날 교회학교 교육현실에 대한 안타까움을 넘어서 성경적이고 복음적인 다음 세대 신앙 전수에 대한 대안을 나누는 신형섭 교수의 글은 마음에 큰 울림으로 다가옵니다. 믿음의 부모 세대 누구든 이 책을 읽다 보면 지혜를 얻게 될 것이며, 사라졌던 신앙의 열정이 다시 살아나는 경험을 하게 되리라 확신합니다. 자녀를 신앙으로 키우는 모든 부모님들과 교회학교 교사와 교역자들에게 기쁜 마음으로 추천합니다.

김경진 · 소망교회 담임목사

"넌 열심히 공부해, 엄마는 열심히 기도할게."

학원 수업과 예배 시간이 겹칠 때 자녀를 학원에 내려주며, 시험 기간에는 신앙은 잠시 뒤로 제쳐둬도 된다는 부모의 가차없는 선택은 우리의 다음 세대를 다른 세대로 전락시키는 신앙불감증입니다. 교회 안에서조차 성공 만능주의라는 거대한 흐름에 급속도로 전염되어가고 있는 위기의 시대에 백신처럼 등장한 이 책이 다음 세대를 세우는 데 치료와 예방의 역할을 톡톡히 감당하리라 믿습니다.

곽상학 · 다음세움 선교회 대표

레트로(retro)가 유행입니다. 전설이란 이름으로 각 방송사마다 과거의 추억을 소환하고 있습니다. '한국 교회 부흥의 시기가 있었다더라' 하고 회상마저 할 수 없는 시대가 곧 올 지도 모르겠습니다. 그러기에 '더욱 신앙 전수!' 이것이 우리의 사명입니다. "어머니의 하나님이 나의 하나님이 되시리니"(룻1:16)라는 말씀이 우리 자녀들의 고백이 되기를 소망합니다. 이 책은 우리가 서 있는 현 위치가 목사든 교회학교 교사

자녀 마음에 하나님을 새기라

든 가정의 신앙교사인 부모든, 자신의 자리에서 무엇을 어떻게 해야 하는지 발견할 수 있게 친절하고도 강력히 인도해 주고 있습니다. 이 책을 계기로 다시금 사명으로 가슴 뛰게 하신 하나님의 부르심 앞에, 교회와 가정이 합력하여 다음 세대를 믿음 안에서 성장하게 하는 일들을 함께 경험하게 되기를 바랍니다.

강윤호 • 반포교회 담임목사

가정과 교회가 한 팀이 되어 자녀를 양육하는 것은 지금 우리 모두에게 주신 하나님의 사명입니다. 가정-교회-마을로 나아가는 사역은 하나님이 사랑하신 세상을 향한 거룩한 부르심입니다. 이에 대하여 신형섭 교수가 잘 준비된 칼을 칼집에 두지 않고 빼내어 사용하게 된 것을 자랑스럽게 바라보며 응원합니다. 이 책이 이 시대 가교사역에 가장 유용한 도구가 될 것을 확신합니다.

김도일 • 장신대 기독교교육학 교수

아직 읽지 않은 사람이 있다면 멱살을 잡아서라도 읽게 하고 싶은 책이 드디어 나왔다. 교회가 한때 가족이었던 시간을 추억으로만 갖게 된 이 시대에, 지금 당장 모든 교회가 머리를 맞대고 고민해야 하는 이때, 꼭 필요한 귀한 매뉴얼이 출간된 것을 하나님 앞에 감사드린다. 신학자이면서 목회자이고, 교수이면서 아버지이며, 젊은 신학도와 중견 목회자들 사이에서 다리 역할을 충실히 감당하고 있는 하나님의 종인 저자가 이 책의 내용들을 입이 아닌 삶으로 전하려 애쓰는 세대통합 동역자임을 잘 알기에 주저함 없이 이 책을 기쁨으로 추천한다.

김대진 • 싱크와이즈 교육목회연구소 대표

이 책은 교회를 떠나는 한국의 다음 세대에 대한 문제 인식과 해결 방안을 매우 구체적이고 실제적인 방법으로 제시하고 있습니다. 교회 학교에 한정 지었던 인식을 전교회로 확장하고, 해결 주체를 교육을 넘어 목회로 확대하여 한국 교회의 나아갈 길을 명료하게 제시하는 이 책이 거대하지만 막연한 다음 세대의 문제에 한줄기 빛이 될 것임을 확신합니다.

백종호 • 히즈쇼 대표

신형섭 교수는 가정과 교회가 따로국밥처럼 가고 있는 한국 교회의 지형도를 새롭게 바꾸고 있다. 본서는 가정과 교회가 연계한 D6 철학을 모든 세대와 모든 사역자가 구비하도록 매뉴얼화 했다. 기독교 가정과 한국 교회를 향한 그의 사랑이 여실히 드러난다. 그는 세대 간 부흥을 두고 엄청난 일을 해냈다.

김치남 • D6 코리아 대표

목차

머리말

네번의 꿈,

새로운 다음 세대 양육 플랫폼을 발견하다

그림은 화폭에 담기기 전 화가의 마음에 먼저 담기듯이, 오래전부터 하나님은 저의 마음속에 일련의 사건들을 통하여 이 책을 꿈꾸게 하셨습니다. 저는 네 번의 꿈으로 이 책의 내용을 채워나가게 되었습니다.

첫 번째 꿈은 2004년도에 유니온신학교에서 '하나님이 어떻게 예배라는 현장 속에 믿음을 부으시고 믿음의 백성들을 세워가실까'에 대해 연구하던 시절, 강력한 예배 경험이 결국 일상의 예배적 삶과 유기적인 연계관계를 맺게 됨을 알게 된 사건입니다. 이 깨달음은 저의 박사 논문의 주제가 〈주일 교회에서의 공적 예배가 주중 가정에서의 삶의 예배로 연계되기 위하여 교회는 교인들에게 어떤 목회를 제공해야 하는가〉로 집중될 수 있도록 인도하셨습니다.

두 번째 꿈은 2011년도에 학위를 마치고 한국으로 돌아와 충신교회의 교육총괄 목사로 부임하면서 시작되었습니다. 당시 충신교회는

자녀 마음에 하나님을 새기라

1986년부터 시작한 충신아기학교를 비롯하여 좋은 부모학교, 자녀축복 기도회 등과 같은 가정과 교회가 연계하는 자녀 세대 교육목회현장을 오랫동안 모범적으로 세워온 교회였습니다. 이러한 목회적 유산과 역사를 가져온 교회의 교육총괄 목사의 자리는 저에게 어떻게 하면 교회가 믿음의 가정을 위한 '좋은 프로그램을 제공하는 것'을 넘어서서 '부모를 가정의 신앙교사로서 역량을 구비'시킬 수 있을지를 연구하고, 실천하고, 양육할 수 있는 기회를 제공하였습니다. 놀랍게도 그 연구와 실천의 자리마다 큰 열매를 주셔서 교회 안의 많은 가정에서 하나님이 역사하시지 않고는 상상하지 못할 간증들과 감격들을 듣고 보게 하셨습니다.

세 번째 꿈은 2015년에 장로회신학대학교에 교수로 부임하면서부터 지금까지도 지속적으로 매월 만나는 십여 명의 교육총괄 목사님들과의 오픈 포럼과 대화 자리에서 더욱 선명해지기 시작하였습니다. 우리의 토의 주제는 늘 하나였습니다.

"자녀 세대가 회복하려면 먼저 우리 교회는 무엇을 회복해야 하는가?"

그 긴급하고도 간절한 질문을 찾아가기 위해 저는 자녀 세대를 강력히 세워가는 북미 지역의 교회 현장에 대한 분석과 자녀 세대 신앙 전수에 관한 최근 이론들을 연구하며 나누었고, 목사님들은 현장에서 지속적으로 목도되는 자녀 세대 사역의 성공과 실패의 사례들을 나누며 함께 앞으로 나아가야 할 신앙양육의 방향을 분별하기 시작했습니다. 이 여정 중에 론 헌터(Ron Hunter), 티모시 폴 존스(Timothy P. Jones), 리디아 랜달(Lydia Randall) 등과 같은 북미 지역의 대표적인 학자와 현장 사역자들과의 만남과 토론은 한국 교회를 향하신 하나님의 마음과 지혜를 발견하는데 큰 도전이 되었습니다. 또한, 한국에서 신학, 문화, 사회, 교육 등 다양한 영역의 전문가들을 초청하여 개최한 '현장 목회자 자녀 세대 연구포럼'은 저에게 많은 교회 교회학교 교육의 한계를 다시금 실존적으로 마주하게 하였고, 말씀의 부르심대로 믿음의 부모 세대가 삶으로 신앙을 전수하는 '가정-교회연계 세대신앙 전수 패러다임'으로 나아가야 함을 재확인시켜 주었습니다.

네 번째 꿈은 이러한 가정-교회 연계 세대 신앙 전수 패러다임에 대

　　　　　　　　　　　　　자녀 마음에 하나님을 새기라

한 강력한 부르심이 제 안에 더욱 다가오던 때에, 반포교회의 협동목사로 섬기며 경험하게 되었습니다. 당시 반포교회는 새로운 담임목사님이 부임하면서 가정과 교회가 연계하여 자녀 세대를 세우겠다는 분명한 목회 사명을 온 회중이 함께 인식하고 세워가고 있었으며, 교회가 하나님께 받은 사명을 온 회중이 동의하고 참여하고 실천하는 건강한 교육목회적 여정 길을 이제 막 내딛는 시기였습니다. 그 여정 길은 교회가받은 목회적 사명과 비전을 확인하는 목회 DNA 교역자 워크숍 및 세미나, 믿음의 자녀 세대 세우기가 교회의 핵심사명임을 확인하는 중직자 세미나, 전교인 오픈 포럼, 교사와 부모를 대상으로 하는 연속 강의와 설문의 시간 등으로 계속 이어져 나갔습니다. 일 년 반 정도에 걸친이러한 사명 지향적인 교육목회 여정은 온 회중들에게 자녀 세대 신앙전수의 책임이 교회학교가 아닌 교회 전체에 있음을 생각하게 하는 과정이 되었으며, 마침내 기존 지역 기반의 성인 교구는 자녀 연령별 교구로 재개편이 되었습니다. 그 결과 교구의 성인 양육과 교회학교의 자녀세대 양육 커리큘럼의 내용과 현장이 교회의 사명과 비전을 중심으로 연계되기 시작하였고, 부모 세대의 변화와 함께 자녀 세대의 회복이 멈추지 않고 일어남을 매주 목도하고 있습니다.

교회와 부모가 함께하는 신앙교육,
오래된 그러나 새롭게 다가오는 명령

이렇듯 가정-교회 연계 교육목회 패러다임을 고민하고, 연구하며, 신학교와 교회 현장에서 실천한 걸음이 어느덧 십오 년이 지났지만, 다시 한번 깨닫는 사실은 목회에는 왕도가 없다는 것입니다. 충신교회에서의 교육목회도, 신학교에서의 교육목회에 관한 수업 현장에서도, 매월 만나는 현장교육총괄 목사들과의 대화에서도, 반포교회에서의 교육목회에서도 동일하게 발견하는 것이 있었습니다. 그것은 바로 변치 않는 하나님의 정언명령인 "자녀들의 마음에 하나님을 새기는 거룩한 수고"입니다.

자녀 마음에 하나님을 새기라

아무리 오염된 물이라고 해도 물의 근원인 바다를 만나면 정화되고, 오염된 공기도 그 근원이 되는 대기를 만나면 다시 정화되듯, 우리 자녀 세대가 그들의 삶의 근원이신 하나님을 다시 만난다면 세상에 끌려가는 자가 아니라 세상을 끌어가는 믿음의 용장으로 다시 세워질 것을 믿습니다.

비록 지금은 세상이 매일 우리 자녀들을 제자화시키려고 하지만, 하나님이 언약하신 자녀 세대 부흥의 디자인대로 믿음의 부모 세대가 다시 일어나 삶으로 자녀 세대를 복음으로 제자화시키기 시작한다면, 이 시대는 거꾸로 우리의 자녀들을 통하여 복음으로 제자화될 줄 믿습니다.

이 책은 믿음의 부모들을 세우고 양육할 목회자, 성인 양육 교역자, 자녀 세대 교육교역자, 교사 및 부모가 어떻게 다양하지만 일관적인 하나님 나라의 이야기를 자녀 세대에게 명확하게 전할 수 있을지에 대한 성서적이고 신학적이며 실천적인 양육 매뉴얼을 영역별로 제시하였습니다. 부모 세대 소그룹 모임으로 시작하여, 교회학교 교사 교육, 연령별 부모 교육, 항존직 및 리더 교육에 이르기까지 다양한 현장에서 활용

될 수 있으리라 기대합니다.

　많은 분들의 은혜와 지혜의 열매로 책이 출간될 수 있었음을 고백합
니다. 먼저는 한국 교회에 교회와 가정이 연계하는 교육목회의 든든한
터와 울타리를 세워주시고 지금도 한국 교회의 나아갈 길을 삶과 지혜
로 가르쳐주시는 한지터의 박종순 목사님, 자녀 세대를 향하신 하나님
의 뜨거운 열정과 사랑을 가지고 격려해 주시고 교육목회의 모델을 보
여 주시는 충신교회 이전호 목사님, 그리고 자녀 세대가 말하게 하라는
사명을 가정과 교회가 함께 외치며 걸어가도록 인도해 주시는 반포교
회 강윤호 목사님께 감사를 드립니다.

　더불어, 저의 학문적 스승이 되시며 따뜻한 격려와 응원으로 교육
목회의 학문적인 영역을 넓혀갈 수 있게 도와주시는 장로회신학대학교
기독교교육과 교수님들께도 감사를 드립니다. 한국 교회 다음 세대의
부흥을 위해 밤낮을 가리지 않고 모여서 함께 연구하고 거룩한 꿈을 꾸
어온 믿음의 친구들과, 다양한 교육목회 현장에서 가정과 교회가 연계
하는 신앙양육의 모델을 연구하고 나누며 세워가는 십여 명의 교육총

　　　　　　　　　　　　　　자녀 마음에 하나님을 새기라

괄 목사 동지들에게도 진심 어린 감사를 전합니다. 이 책이 출판되기까지 한국 교회 자녀 세대를 향하신 긍휼한 마음을 함께 나누어주고 섬겨 준 두란노에도 감사를 드립니다.

마지막으로 평생을 가정의 신앙 교사로서 하나님 백성이 살아가는 방법을 삶으로 보여 주신 부모님과 더 좋은 믿음의 부모 되기를 매일 구하고 배우며 살아 내는 아내, 그리고 사랑하는 첫째 해인이와 둘째 해건이에게 마음을 다해 감사를 전합니다.

2020년 2월

신형섭

하나님의 리콜:

말씀 맡은 자에게

책임을 물으시는

하나님

"주일학교는 그 부모의 가르치는 것을 보충하는 것이니
부모가 그 책임을 내려놓고 그 선생이 다 할 수 없느니라."[1]
곽안련

"그 후에 일어난 다른 세대는 여호와를 알지 못하며
여호와께서 이스라엘을 위하여 행하신 일도 알지 못하였더라"
사사기 2장 10절

인간이 선악과를 범하는 죄를 지었을 때 이 사건을 다루시는 하나님의 모습은 매우 인상적입니다. 하나님이 선악과 사건에 대하여 책임을 물으실 때 우선적으로 찾아간 대상이 하와가 아니라 아담이었기 때문입니다. 하나님은 하와가 아담에게 선악과를 먹어보라고 권한 사실을 알고 계셨을 텐데, 왜 하와가 아닌 아담에게 먼저 찾아가 책임을 물으신 걸까요? 혹시 아담에게 선악과에 대한 말씀을 먼저 하셨기에, 말씀 맡은 자로서 그 책임을 물으셨던 게 아닐까요? 성경은 창세기부터 요한계시록에 이르기까지 일관되게 하나님의 말씀을 먼저 받은 자가 누리는 은혜와 동시에 책임을 선언하고 있습니다.

이러한 관점에서 우리 자녀 세대가 하나님의 말씀 앞에 온전히 살지 못할 때, 하나님은 부모 세대와 자녀 세대 중 누구에게 먼저

자녀 마음에 하나님을 새기라

책임을 물으실지 생각해 봅니다. 먼저 신앙의 삶을 사는 부모 세대에게 자녀 세대가 왜 하나님을 떠난 거냐고 그 책임을 물으실 것입니다. 그렇기에 범죄하는 이스라엘 백성을 위해 자신의 목숨을 걸고 그들을 다시금 살려 달라고 간구했던 모세의 기도도, 자녀를 포함한 온 가족이 오직 하나님편에만 서겠다고 결단한 여호수아의 선언도, 범죄한 부모 세대로 인하여 신음하는 다음 세대를 위해 눈물로 구했던 예레미야의 기도도, 고린도 교회를 향해 애끓는 심정으로 자신이 복음으로 그들을 낳았다고 선언한 사도 바울의 기도도 모두 먼저 하나님의 말씀을 맡은 사명자로서 마땅한 응답이었습니다.

하나님의 긴급 소환,
믿음의 부모 세대를 회복하라

하나님은 믿음이 무너진 시대에 다시 믿음의 다음 세대를 세우고자 하실 때, 먼저 부모 세대를 불러 회복시키신 뒤 그들을 다음 세대에게 신앙을 전수하는 주체자로 세우십니다. 바벨탑 사건으로 백성들이 뿔뿔이 흩어졌을 때, 하나님은 아브라함에게 그 자녀 세대를 하늘의 별처럼 바다의 모래처럼 번성케 하실 것을 약속하시되 아브라함이 믿음의 아비가 되기를 결단한 후(창 17:1-5)에 드디어 이삭을 허락하셨습니다. 야곱의 아들들이 축복의 열 두 지파로 세워졌던 상황(창 32:24-32)도, 출애굽한 이스라엘의 자녀들이 마침내 가나안 땅에 입성했을 때(수 3:7-17)도, 각자 자기 소견에 옳은 대로 살아가던 사사시대에 삼손을 세우실 때(삿 13:8-20)도, 엘리 제사장 말년, 말씀이 무너진 시대에 사무엘을 세우실 때(삼상 1:9-18)도, 에스라와 느헤미야를 통해 하나님의 회복 사역을 시작하실 때(스 6:16-22, 느 2:1-8)도, 초대교회에서 교회 리더들을 세울 때(감독: 딤전 3:4, 장로: 딛 1:6, 집사: 딤전 3:12)도, 성경은 다음 세대를 세우는 일은 먼저 부모 세대의 믿음을 회복시키는 것부터임을 일관되게 증언하고 있습니다.

이렇듯 믿음의 부모 세대를 세워서 신앙의 다음 세대를 강력하게 세워 가신 하나님의 방법은 성경의 기록으로부터 초대교회 교부들의 문헌, 종교개혁자들의 서신, 청교도 시대와 대부흥운동의 역사, 그리고 한국 선교 초기의 자료들을 통해서 지속적으로 발견됩니다.[2] 결국 하나님이 신앙의 부모 세대를 신앙 전수의 주전 선수로서 다시 불러 주신 것은 믿음의 다음 세대를 강력히 세워 가시기 위한 하나님의 전략이자, 동시에 믿음의 부모 세대를 하나님 앞에서 새롭게 해주시기 위한 부르심(calling)입니다.

자녀 마음에 하나님을 새기라

가정과 교회가 동역하여
신앙을 전수하라

가정과 교회가 연계하여 믿음의 다음 세대를 세우는 교육목회의 패러다임은 구약시대와 신약시대, 그리고 지난 2천 년간의 교회 역사를 통해 드러난 오래된 성경적 양육 패러다임이었습니다. 또한 지난 수십 년간 이미 북미 지역의 기독교 교육학자들과 교회 현장 전문가들로부터 주목받고 실천되어 온 교육목회이기도 합니다.

수년 전 장신대 박사과정 학생들과 함께 북미 지역의 교회들을 방문하여 다음 세대가 강력하게 양육되는 현장을 살펴볼 기회가 있었습니다. 그리고 한 학기 동안 미국의 13개 지역 교회를 엄선해 연구한 결과 그들에게서 공통된 특징을 발견할 수 있었는데, 그들은 교단과 규모, 지역과 역사는 각각 상이했지만, 다음 세대 신앙양육을 교회학교가 아닌 교회가 책임진다는 사명의식이 회중들 사이에서 공유되고 있었습니다. 다시 말해 신앙교육을 교회학교에 위탁하지 않고, 부모는 가정의 신앙교사로서, 교회학교 교사는 교회의 영적 부모로서 한 팀이 되어 거룩한 동역을 하고 있는 것입니다.

가정과 교회가 한 메시지를 공유하는 오렌지 목회(Orange Mini -stry)로 잘 알려진 노스포인트교회(앤디 스탠리 목사)를 비롯해, 부모대학(Parent University)을 통해 부모를 핵심적인 다음 세대 교육목회의 동역자로 세워 가는 페리미터장로교회(랜디 포프 목사), 자녀의 인생 주기를 따라서 부모를 가정의 신앙교사로 성장시키는 신앙여정학교와 가정신앙 리소스센터를 운영하는 레이크포인트교회(스티브 스트루프 목사), 다음 세대 신앙양육을 위한 커리큘럼의 핵심 지도자로서 부모를 세우는 풀러신학교 산하 청소년 사역연구소(Fuller Youth Institute)의 점착적 신앙교육과정(Sticky Faith Curriculum) 등이 대표적입니다. 뿐만 아니라 신명기 6장 7절 말씀을 기반으로 부모와 자녀가 가정예배 안에서 하나님의 말씀을 공유하게 하는 브랜우드침례교회(마이크 글랜 목사)와 교회교육의 중심을 가정에 두고 이를 지원하기 위해 교육목회 커리큘럼과 프로그램을 제공하는 가정친화교회운동(Family Friendly Church Movement)도 있습니다. D6 가정사역운동(D6 Family Ministry)은 이러한 흐름을 설명할 때 빼놓을 수 없는 기관으로, '교회는 가정의 부모를 신앙교사로 구비시키는 우선적 기관이 되어야 하며, 가정은 자녀 세대를 복음으로 제자화하는 우선적인 장소가 되어야 함'을 주장합니다. 여기서 그치지 않고 이를 지역의 교회들이 실천할 수 있도록 교육과 리소스를 제공하기 위해 컨퍼런스, 출판, 학회 등 다양한 채널로 섬기고 있습니다.

한국 교회,
하나님의 거룩한 리콜 앞에 다시 부흥의 꿈을 꾸다

그동안 다음 세대를 위한 양육은 교회학교가 전적으로 책임을

자녀 마음에 하나님을 새기라

졌습니다. 그런데 그 책임이란 게 일주일의 총 168시간 중 1시간 예배를 드리고 말씀을 듣는 것이 고작이었습니다. 신앙교육이 일주일 중 1시간이 아니라 일주일 내내 이뤄지게 하기 위해서는 어떻게 해야 할까요?

본 책은 바로 이러한 질문에 성경적이고 기독교 교육적인 대답을 제시하기 위해 쓰여졌습니다. 좀 더 정확히 말하면, 이 책은 다음 세대 신앙 전수에 있어 한국 교회가 당면한 위기 앞에서 하나님이 믿음의 부모 세대에게 주신 거룩한 사명 선언문이자 실천 매뉴얼입니다. 성경을 통해 발견케 하고 현장의 부흥을 통해 확인케 하시며, 교육적 실천을 통해 다시금 꿈꾸게 하신 것입니다.

우리의 직분이 목회자든 평신도든, 교회학교 교사든 믿음의 부모든, 어린 자녀를 둔 부모든 손주를 둔 조부모든, 이제 우리에게는 공통적인 사명이 주어졌습니다. 그것은 바로 믿음의 부모 세대를 통하여 우리의 자녀 세대가 하나님의 자녀임을 깨닫고 하나님 나라를 위하여 거룩한 삶을 살아가도록 돕는 것입니다. 이 사명은 자녀 세대가 강력한 예수 세대로 설 때까지 계속되어야 합니다.

이를 위해 교회는 믿음의 가정에 필요한 신학적이고 성서적이며 목회적인 목양을 제공해 부모의 역량을 키워야 하고, 부모는 가정의 신앙교사로서 책임감을 갖고 매일 실천함으로써 자녀가 하나님 나라의 제자로 살아가도록 도와야 합니다. 즉 교회는 부모 세대가 신앙교사로서 자녀를 제자화하도록 그 역량을 돕는 우선적인 기관(the primary equipper of parents)의 역할을 감당해야 하며, 부모는 자녀의 제자화라는 사명을 감당하는 주체적인 교사(the primary discipliner in the home)가 되어야 합니다.[3]

이러한 관점에서 한국 교회가 새롭게 걸어가야 할 성경적이고 시대 요청적인 가정과 교회가 연계된 세대통합 신앙 전수를 위한 교육목회 매뉴얼과 그 열매들에 관한 이야기를 나누고자 합니다.

1장은 '성경 리포트'로서, 가정-교회 연계 교육목회의 기반이 되는 말씀을 살펴보겠습니다. 2장은 '현장 리포트'로서, 통계와 분석 자료를 통해 한국 교회의 다음 세대 신앙 전수 현장을 살펴보고 가정-교회 연계 패러다임으로의 전환이 왜 필요한지를 살펴볼 것입니다. 3장은 '패러다임 바꾸기'로서, 가정-교회 연계 교육목회를 디자인하고 적용하고자 할 때 요청되는 교회별 사명과 비전 그리고 이를 반영한 전략과 단계별 커리큘럼을 제시했습니다.

4장은 '실천 현장 매뉴얼'로서, 가정-교회 연계 교육목회를 실천하여 이미 열매를 맺고 있는 현장의 이야기를 실었습니다. 5장에서는 '연령별 신앙양육 로드맵'으로서 자녀들의 인생 주기에 따른 연령별 특징과 그에 따른 양육 실천 세부 매뉴얼을 살펴보았습니다. 6장은 '매뉴얼 리포트'로서, 각 교회에서 가정-교회 연계 교육목회를 실천하기 위해 필요한 매뉴얼을 제시하되, 담임목사, 교구목회자, 교육총괄목회자, 교육교역자, 평신도 리더와 교사, 부모 등 각각이 실천해야 할 세부 매뉴얼을 제시했습니다.

소망하기는, 가정과 교회가 연계하여 믿음의 다음 세대를 다시금 강력하게 세워 가기를 소망하는 많은 한국 교회 목회자, 평신도

　　　　　　　　　　　자녀 마음에 하나님을 새기라

지도자, 다음 세대 사역자, 교회학교 교사 그리고 부모들이 부름 받아 섬기는 자리마다 이 책이 친절하고도 강력한 양육의 디딤돌이자 안내서가 되기를 간절히 기도합니다.

1장

성경 리포트:

부모,

말씀의

다림줄 앞에

서다

"나는 영국의 모든 신학자보다 나의 어머니에게서
기독교에 대해 더 많이 배웠다."[4]
존 웨슬리

우리의 한계점이
하나님의 임계점이다

북미 지역에서 세대 통합 커리큘럼을 개발하여 '가정과 교회가
연계된 세대 간 신앙 전수 사역'을 섬기는 것으로 대표적인 'D6 가
정사역운동'의 대표, 론 헌터 박사는 지난 10여 년간 절감한 북미
지역의 다음 세대 현장을 다음과 같이 설명합니다.

"많은 교회에서 일주일 168시간 중 주일 1시간만으로 다음 세
대 신앙 전수를 이루어 보려는 시도가 반복되고 있으며,[5] …많은
교회에서는 연령별, 세대별, 부서별 신앙 전수의 틈새가 벌어지고
있습니다.[6] …기독 부모는 물론 목회자들조차 가정 안에서 다음 세
대 신앙 전수에 실패하는 경우가 많으며,[7] …많은 교회가 부모의
영적 역량에 관심을 갖기보다 그들이 해내야 할 사역과 은사에 더
관심을 기울이고 있습니다.[8] …다음 세대를 양육하는 현장들이 세
대 간 신앙 전수에 대한 성경적 사명과 이를 반영한 커리큘럼이 상

자녀 마음에 하나님을 새기라

실된 상황에서 운영되고 있으며 그 결과 다음 세대의 무너짐은 멈추지 않고 있습니다."[9]

문제는 이러한 헌터 박사의 탄식과 지적이 오늘날 한국 교회의 상황과 그다지 다르지 않다는 것입니다. 성인 교구목회와 다음 세대 교회학교의 이원화, 시민 종교가 되어 버린 대학과 진학, 지연된 청소년기라 불리는 부모 의존적 청년 세대, 심각한 출산율 하락과 결혼 기피, 강력한 신앙 체험과 부흥을 경험한 조부모 세대와 신앙 세대의 노령화, 회중들의 인생 주기에 따른 신앙 지도 매뉴얼 부족 등과 같은 현실은 우리가 매일 마주하는 한국 교회의 불편한 현실입니다. 그렇다면 우리는 어디서 이 현실을 뒤집는 소망을 찾을 수 있을까요?

사실 성경은 구약시대부터 하나님의 백성들의 연약함과 실수를 증언하고 있습니다. 그야말로 소망을 찾기 어려운 실패의 역사입니다. 그런데 그 실패의 이야기가 여전히 생명의 말씀인 것은 인간의 실패의 걸음걸음마다 크신 하나님의 은혜가 부어졌기 때문입니다. 신약성경의 제자들은 어떤가요? 그들은 주님을 만난 뒤 오직 주님만 따르겠다고 고백했지만 그 길 역시 반복된 실패의 이야기로 채워졌습니다.

하지만 그들과 함께하시는 예수님의 이야기가 있기에 그들의 실패도 복음서가 되었습니다. 하박국 기자의 고백처럼, 물이 바다 덮음 같이(합 2:14), 하나님의 은혜의 물이 우리 인생의 바다를 덮으면 부흥이 일어나는 것입니다. 마찬가지로 한국 교회의 다음 세대

교육이 실패한 것처럼 보일지라도, 거기에 살아 계신 하나님이 개입하시면 실패한 그림이 놀라운 작품으로 변화될 것입니다.

이제 하나님이 믿음의 부모 세대에게 어떠한 정체성과 사명을 주셨으며 자녀의 인생 주기에 따라 어떤 과제와 역량, 방법과 전략을 주셨는지 하나님의 말씀을 통하여 확인하고 분별해 보고자 합니다.

아브람인가,
아브라함인가?

창세기 17장에는 믿음의 조상 아브라함의 이름이 하나님 앞에

자녀 마음에 하나님을 새기라

서 바뀌는 장면이 나옵니다. 우리가 잘 아는 대로 하나님은 창세기 12장에서 아브라함에게 믿음의 자녀, 복의 자녀를 주시겠다 언약하며 그를 부르셨지만, 어찌된 일인지 하나님은 그로부터 24년간이나 아들을 주시지 않았습니다. 어디서부터 잘못된 것일까요? 오늘 말씀에서 하나님은 드디어 그 이유를 밝히십니다.

> 아브람이 구십구 세 때에 여호와께서 아브람에게 나타나서 그에게 이르시되 나는 전능한 하나님이라 너는 내 앞에서 행하여 완전하라 창 17:1

자녀 세대를 향하신 하나님의 언약이 이루어지지 않아 고민하던 아브라함에게 하나님은 한 가지를 분명히 하십니다. 그것은 바로 '하나님은 전능하시다'는 것입니다. 한마디로 24년 전에 언약하신 복을 잊지 않으셨고 지금도 기억하신다는 말씀입니다. 그런데 그 하나님의 복을 받아야 할 아브라함이 지금 하나님 앞에 있지 않다고 하십니다. 본문의 "너는 내 앞에서 행하여"라는 히브리어 '히트할레크 레파나이'는 하나님 얼굴 앞으로 걸어 나오라는 뜻입니다. 즉 지금 아브라함의 삶의 방향이 하나님의 얼굴을 피하고 있다는 것입니다.

창세기 17장 1절의 바로 앞 절에서 성경은 아브라함이 86세에 이스마엘을 낳았다고 기록합니다. 이 말씀과 관련해서 볼 때, 하나님 얼굴 앞으로 나오라는 말씀은 이러한 질문이 아닐까요?

"아브람아, 너 13년 전에 이스마엘을 낳을 때 내 얼굴 앞으로 나와 상의하고 아들을 낳은 것이냐? 내가 움직이지 않는 것처럼 보이니 옛적 너의 아비가 손으로 우상을 빚듯이 그렇게 너의 손으로 만들어 낸 것 아니냐?"

하나님의 도전과 초대 앞에 아브라함은 이제 엎드립니다. 그리고 이 엎드린 아브라함에게 하나님은 새로운 사명을 주십니다. 그것은 이름을 바꾸는 것으로 시작합니다.

> 이제 후로는 네 이름을 아브람이라 하지 아니하고 아브라함이라 하리니
> 이는 내가 너를 여러 민족의 아버지가 되게 함이니라 창 17:5

아브람은 '존귀한 자'라는 의미입니다. 그의 정체성은 가정 안에서 존귀한 아버지였습니다. 적당히 돈도 벌고, 집에서 존경받는 아버지입니다. 세상적으로 보면 나쁘지 않습니다. 그런데 하나님은 축복의 부모가 되려면 그것으론 안 된다고 하십니다. 좀 더 노골적으로 이야기하면, 내 가정만 아는 부모로는 하나님이 계획하신 축복의 자녀를 길러 낼 수 없다는 겁니다. 하나님은 동일한 명령을 사래에게도 하십니다.

> 15 하나님이 또 아브라함에게 이르시되 네 아내 사래는 이름을 사래라 하지 말고 사라라 하라 16 내가 그에게 복을 주어 그가 네게 아들을 낳아 주게 하며 내가 그에게 복을 주어 그를 여러 민족의 어머니가 되게 하리니 민족의 여러 왕이 그에게서 나리라 창 17:15-16

자녀 마음에 하나님을 새기라

사래는 '공주'라는 뜻입니다. 나만 섬김받고 나만 도움받는, 나 밖에 모르는 공주 같은 삶이 아니라 열방의 어미로서 살라 하십니다. 단 한 사람의 어미가 되어도 나보다 자녀의 입을 것, 먹을 것을 위해 고민하는 것이 어머니입니다. 하지만 그것으로는 안 된다는 겁니다. 하나님 아버지의 마음으로 가족을 품고, 이웃을 품고, 나라를 품고, 열방을 품으라 명하십니다. 바로 그 믿음의 어머니 아래서 하나님은 축복의 다음 세대를 허락해 주신다 하십니다.

우리는 지금 어느 이름에 가깝습니까? 아브람입니까, 아브라함입니까? 사래입니까, 사라입니까? 우리를 통하여 축복의 다음 세대를 세우시려는 하나님은 오늘 우리에게 새로운 사명의 이름을 주십니다. 내 문제, 내 가정에만 매몰되어 있던 아브람과 사래에서, 하나님의 마음과 계획을 가지고 열방과 역사를 바라보는 영적인 아브라함과 사라가 되라 하십니다. 우리가 영적인 아브라함과 사라가 되기를 결단할 때, 마치 24년간 지연된 것처럼 보였던 하나님의 언약이 오늘 우리 가정에서 이뤄질 것입니다.

신앙 부모의
소명

하나님은 아브라함과 사라의 이름을 바꾸신 뒤 그들의 삶이 하나님 앞에서 새로운 정체성을 가지기 시작하자 이삭을 주셨습니다. 창세기 18장 19절 말씀은 아브라함과 사라에게 약속의 아들인 이삭을 주셔서 출산을 앞둔 상황입니다. 바로 이때 하나님은 다시금 아브라함에게 나타나서 다음의 말씀을 분명히 들려주십니다.

> 내가 그로 그 자식과 권속에게 명하여 여호와의 도를 지켜 의와 공도를 행하게 하려고 그를 택하였나니 이는 나 여호와가 아브라함에게 대하여 말한 일을 이루려 함이니라 창 18:19

믿음의 아버지가 되어야 할 아브라함에게 전하고 싶은 말씀이 얼마나 중요했던지 하나님은 아직 이삭이 태어나지도 않았는데 이같이 말씀하십니다.

"아브라함아, 내가 너를 왜 부른 줄 아느냐? 내가 너를 부른 이유는 너의 자녀인 이삭과 그가 속한 권속들이 나 여호와의 의와 공도를 행하는 것을 보게 하려고 부른 것이다."

다시 말하면, 하나님이 갈대아 우르 지역에서 우상 빚는 아비의 아들이던 아브라함을 불러서 믿음을 주시고, 재물을 주시고, 건강을 주시고, 리더십까지 주신 이유는 자녀들이 여호와를 알아 그 의와 공도를 지키며 그로 인해 이 땅 위에 하나님 나라를 세우게 하기 위해서라는 뜻입니다. 당시는 바벨탑 사건 이후 하나님을 아는 백성들이 뿔뿔이 흩어져 있었습니다. 하나님은 아브라함을 통해 하나님의 백성을 다시금 세우려는 계획을 갖고 계셨습니다.

이 말씀은 우리 역시 동일한 목적으로 믿음의 부모로 부름 받았음을 말하고 있습니다. 하나님이 우리에게 건강과 재정을 주시고 믿음과 능력을 주신 목적은 우리 자녀들이 여호와의 의와 공도를 지켜 행함으로 하나님 나라를 세우게 하기 위해서라는 겁니다. 우리가 늘 입으로 고백하듯 하나님의 뜻과 나라를 위해 사는 길은 가장 먼저 우리 자녀들이 여호와를 알고 그 의와 공도를 지키며 살도록 하는 것입니다. 그런데 우리는 과연 그렇게 살고 있습니까?

세상이 어떠하든 나와 우리 가족은 오직 여호와만 섬기겠다던 여호수아, 하나님의 언약의 말씀을 다음 세대가 듣도록 하는 데 인생을 걸었던 에스라와 느헤미야, 디모데에게 신앙을 전수한 유니게와 로이스, 나아가 가정을 잘 다스리는 자를 교회 리더의 조건으로 내세운 초대교회까지, 성경은 우리의 사명이 자녀에게 신앙을 전수하는 것임을 분명히 하고 있습니다. 심지어 디모데전서는 "누구든지 자기 친족 특히 자기 가족을 돌보지 아니하면 믿음을 배반한 자요 불신자보다 더 악한 자니라"(딤전 5:8)고 강력하게 말하고 있습니다.

초대교회 때부터 그리스도인은 '증인', 즉 헬라어로 '마르투스'로 불렸습니다. 그런데 이 단어는 순교자를 뜻하는 '마터'와 어원이 같습니다. 한마디로 그리스도인은 '목숨을 걸고 전할 이름이 있는 자'입니다. 지금 신앙 부모인 우리가 자녀에게 목숨을 걸고 전하는 이름은 무엇입니까? 명문 대학입니까? 잘나가는 직장입니까? 세상의 스펙입니까? 무엇이 우리 자녀의 손에 쥐어져야 그 인생이 안전합니까?

하나님은 우리에게 분명히 알려 주십니다. 하나님이 우리에게 믿음 주시고 삶을 주신 것은 우리 자녀들이 여호와의 의와 공도를 행하도록 하기 위해서라고 말입니다. 그러니 다른 건 몰라도 우리가 자녀에게 해야 할 "예수 믿으라"는 말은 유언으로 전할 말이 아니라, 오늘 당장 들려주어야 할 가장 긴급한 말입니다. 그 자녀들이 장성해서 집사님, 권사님, 장로님이 되었을 때 나보다 더 훌륭한 사명자로 살아간다면 그보다 감격스럽고 기쁜 일이 어딨겠습니까. 오늘 우리가 받은 사명을 따라 살아갈 때 하나님은 훗날 우리를 그 감격스런 현장에 서게 하실 것입니다.

부모는 자녀의
신앙 정원사

시편 1편은 "복 있는 자는 마치 시냇가에 심긴 나무와 같아서 그 잎사귀가 푸르러 열매가 풍성히 맺히는 자"라고 말하고 있습니다. 매우 강력한 이미지입니다. 그런데 풍성한 열매는 어느 한철만 아니라 '철을 따라' 열매를 맺습니다. 봄에는 봄의 열매가, 여름에는 여름의 열매가, 겨울에는 겨울의 열매가 있다는 것입니다.

이렇듯 철을 따라 열매 맺는 나무에는 좋은 정원사가 있습니다. 좋은 정원사는 정원이 황폐해지도록 방치하지 않습니다. 설령 오랜 가뭄에도, 거친 태풍이 들이닥쳐도, 전염병이 창궐한 상황에서

자녀 마음에 하나님을 새기라

도 좋은 정원사는 생명을 살리기 위한 수고를 마다하지 않습니다.

부모도 마찬가지입니다. 부모는 시대의 악함이나 환경을 탓하며 자녀를 방치하지 않습니다. 그럴수록 자녀의 삶에 향기 나는 열매가 풍성히 맺히도록 힘을 쏟습니다. 성경에는 그런 부모들이 나옵니다.

첫째, 모세의 어머니 요게벳에게서 우리는 부모로서 유아기에 어떠해야 하는지를 배우게 됩니다. 요게벳은 철을 따라 모세의 생명을 살리기 위해 노력했습니다. 출애굽기 2장에서 어머니 요게벳은 당시 태어난 남아는 모두 죽이라는 바로의 명령을 어기고 모세를 석 달 동안 숨겨서 키워 냅니다. 성경은 요게벳과 모세의 아버지가 모두 레위인이었다고 증언하고 있습니다. 경건한 레위인이던 부부는 하나님의 지혜를 구하며 모세의 목숨을 지킬 수 있었고 하나님을 의지하여 모세를 나일강에 띄워 보낼 수 있었습니다. 그들의 믿음대로 하나님은 모세를 건지시고 위대한 계획을 따라 바로의 궁에서 최고의 교육을 받으며 자라도록 하셨습니다.

이렇듯 위대한 모세의 삶은 경건한 부모의 결단으로부터 시작되었습니다. 요게벳이 영유아 시절부터 모세에게 지속적으로 가르친 것은 애굽에서 성공한 정치인이 되는 것이 아니라, 하나님의 백성으로서 하나님의 뜻을 이루는 자녀가 되는 것이었습니다.

둘째, 사무엘의 어머니 한나에게서 유치기의 신앙교육을 배우게 됩니다. 한나는 사무엘이 유치기에 들어서는 때부터 하나님께 서원한 대로 사무엘을 하나님 전에 거하며 하나님을 섬기는 자녀로 자라게 합니다. 성경은 한나가 매년 남편과 함께 여호와께 제사를 드리러 갈 때 아들인 사무엘에게 입힐 세마포 옷을 지어서 갔다는 사실에 주목합니다. 세마포 옷은 당시 제사장들이 입는 옷이었습니다. 이는 한나가 사무엘에게 기도와 믿음의 옷을 입혔음을 의미합니다. 오감과 상상력, 성품이 활발하게 발달하는 유치기에 한나는 그 무엇보다 신앙의 전수에 힘을 쏟았던 것입니다.

셋째, 예수님의 어머니 마리아에게서 아동기와 청소년기의 자녀 양육을 배우게 됩니다. 누가복음 2장은 열두 살이 된 예수님의 행적을 기술하고 있습니다. 유월절을 지키러 온 가족이 예루살렘에 왔다가 일을 마치고 돌아갔으나 예수님은 혼자 예루살렘에 머물렀습니다. 마리아와 요셉은 이 사실을 나중에 깨닫고 아들을 찾으러 다시 예루살렘으로 갔습니다. 성전에서 선생들과 앉아 이야기하는 아들을 만난 마리아는 예수님께 "어찌하여 여기 있느냐"고 묻습니다. 그러자 예수님은 도리어 "내가 여기 있어야 할 줄 몰랐느냐"고 이해할 수 없는 대답을 합니다.

이때 성경은 어머니 마리아가 보인 두 가지 반응에 주목합니다. 하나는 어머니 마리아가 예수님의 이러한 말과 행동을 이해하지 못하고 깨닫지 못했다는 것이고, 다른 하나는 예수님의 말을 마음에 두었다는 것입니다. 아들의 말과 행동이 이해되지 않을 때 어머니 마리아가 보인 반응은 그것을 마음에 두는 것이었습니다.

그런데 이 같은 마리아의 모습은 13년 전 동정녀인 그녀에게서 아들이 태어날 것이라는 천사의 말을 들었을 때 보인 모습과 동일

자녀 마음에 하나님을 새기라

합니다. 마리아는 이해할 수 없고 납득할 수 없는 상황이 닥쳤을 때 하나님의 주권을 인정함으로 그분의 은혜와 도우심을 구했습니다.

부모는 자녀를 양육할 때 자주 한계 상황을 만나게 됩니다. 이때 우리가 할 일은 마리아처럼 하나님께 맡기고 그분의 지혜와 은혜를 구하는 것입니다.

마지막으로, 야곱의 축복을 통해 청년기와 장년기 자녀를 양육하는 성경적 모형을 발견하게 됩니다. 창세기 49장 22-26절에서 야곱은 이미 성인이 된 요셉의 삶을 무성한 가지와 같다고 축복합니다. 이때 무성한 가지는 두 가지 특징이 있는데, 하나는 그 가지가 샘 곁에 심겼다는 것입니다. 세상은 자녀의 삶에 매달린 열매를 보고 판단하지만, 믿음의 부모는 열매가 달린 가지의 뿌리에 주목합니다. 지금 당장은 열매가 풍성해도 그 뿌리가 마른 땅에 심겨 있으면 곧 시들 것이기 때문입니다.

다른 하나는, 그렇게 자라난 가지는 담을 넘는다는 것입니다. 담은 햇빛을 가리거나 곧게 뻗어 나가는 데 걸림돌이 될 수 있습니다. 하지만 하나님의 생명수가 흐르는 샘 곁에서 자라난 가지는 담을 훌쩍 넘어 자랄 것입니다. 어떤 것도 걸림이 되지 않을 뿐 아니라 도리어 디딤돌이 되어 더 크게 자라날 것입니다.

성경에 나타난 자녀 양육의 가장 대표적인 말씀 중 하나는 이것입니다.

> 너희 자녀를 노엽게 하지 말고 오직 주의 교훈과 훈계로 양육하라 엡 6:4

자녀의 마음을 노엽게 하면 가장 완전하신 주의 교훈과 훈계도 그 마음에 들어가지 않습니다. 부모의 훈계 목적은 자녀를 노엽게 하는 것이 아니라, 자녀의 마음을 여는 것입니다. 컵에 뚜껑이 닫혀있으면 물을 한 방울도 담을 수 없듯, 자녀의 마음이 닫혀있으면 귀가 있어도 듣지 못합니다.

성경은 "거역하는 자를 온유함으로 훈계할지니 혹 하나님이 그들에게 회개함을 주사 진리를 알게 하실까 하며"(딤후 2:25)라고 말하고 있습니다. 자녀는 지적당해서 변하지 않습니다. 감동받을 때 변합니다. 기대한 섬김과 이해와 희생과 사랑을 받았을 때 자녀는 감동을 받고 변화됩니다.

그러므로 먼저 자녀의 말을 경청하십시오. 자녀들은 불편하면 말하게 되어 있습니다. 단, 자녀의 성향에 따라 혹은 나이에 따라 그 말은 우리가 하는 말이 아닐 수 있습니다. 어떤 자녀는 정상적인 말로 표현하는 것이 아니라 거친 행동으로, 폭탄 같은 감정으로,

침묵으로, 무표정으로, 심지어는 뒷모습으로 말을 합니다. 이 표현에 경청하라는 것입니다. 자녀는 부모가 자신의 말을 경청할 때 부모의 말을 경청하는 법을 배우게 됩니다. 그리고 하나님의 말씀을 경청하는 법을 배우게 됩니다.

이 경청의 가장 좋은 모델은 엄마 아빠입니다. 엄마와 아빠가 서로 경청하는 모습을 자녀에게 보이는 겁니다. 서로의 고민을 나누고, 격려하는 모습을 보여야 합니다. 여기서 말하는 경청은 무조건적인 허용이 아니라 상대의 마음에 공감하고 지원을 표현하는 것입니다. 자녀의 마음을 잘 헤아려주고 그런 다음 나의 바람이나 욕심이 아닌 하나님의 은혜와 언약에 의지한 긍정적인 도전을 하는 것입니다.[10] 그 도전이 부모의 바람에서 나온 것이라면 욕심이지만, 말씀에서 나온 것이라면 비전이 됩니다. 자녀에게 부모의 욕심은 부담이지만, 비전은 힘이요 안내서가 됩니다.

또한 자녀의 인생 주기를 이해하고 철에 따른 훈육이 무엇인지 지속적으로 배우고 실천해야 합니다. 좋은 정원사는 계절을 따라 자신이 해야 할 역할이 무엇인지 정확히 알아 이를 성실히 감당합니다. 부모도 자녀의 인생 계절을 따라 자신이 해야 할 역할이 무엇인지 정확히 알고 성실히 감당해야 합니다. 여기 자녀의 연령에 따라 효과적인 신앙양육법을 소개합니다.

먼저, 영아기 자녀는 가장 먼저 평안하고 안정된 환경을 제공해야 합니다. 그때 아기들은 자신이 살아가는 세상을 살 만한 곳으로 신뢰하며 성장하게 됩니다.[11]

둘째, 유아기의 자녀는 자기중심적인 특징을 보이지만 인지적으로는 종합적 사고가 어렵기에, 이 시기에는 말로 설명하기보다는 좋은 모델을 보여 줌으로써 모방을 통해 성장하도록 도와야 합니다.[12]

셋째, 유치기 자녀는 상상력과 창의력을 통해 세상을 배우기에 문자적이고 지적인 교리교육보다는 오감과 재미와 신뢰의 관계를 통한 성경 교육이 효과적입니다.[13] 동시에 옳고 그름을 스스로 판단할 수 있으므로 훈육을 할 때 옳은 것을 택할 기회를 주고 격려하는 것이 필요합니다.[14] 감정적 훈육은 죄책감을 주지만 기회를 주는 훈육은 자존감과 주도권을 줍니다.

넷째, 장기 기억이 본격적으로 발달하기 시작하는 유년기에는 좀 더 의미 있는 성경 이야기를 들려줄 필요가 있습니다.[15] 특히 성취감이 중요한 학습 동기가 되므로 매일 적절한 양의 신앙활동과 과제를 부여하는 것이 효과적입니다.

다섯째, 사춘기가 시작되는 소년기에는 신앙에 대해서 이성적이게 되고 논리적으로 따지려 들고 의심과 궁금증이 증폭하게 됩니다.[16] 이 시기에는 부모가 경험한 신앙 체험과 간증 나눔이 필요하며, 자녀의 질문을 경청하고 함께 그 답을 찾아가는 신앙 동반자로서의 양육이 필요합니다.

여섯째, 청소년기에는 부모의 신실한 지원과 격려와 코칭을 제공해야 합니다. 이때 신앙은 단지 구원받은 하나님의 자녀로 끝나는 것이 아니라 하나님으로부터 받은 사명을 감당하는 제자로서

자녀 마음에 하나님을 새기라

현실의 삶을 살아야 함을 가르쳐야 합니다. 또한 부모 자신이 자기 희생적인 신앙 공동체로서 가정을 섬기는 모습을 보여 주어야 합니다.[17]

일곱째, 청년기에는 자녀가 자신의 소명과 비전을 찾아갈 수 있도록 대화의 시간을 더 많이 갖고 안전한 공간을 마련해 주는 것이 중요합니다. 특히 부모가 보여 주는 삶이 이 시기에 가장 강력한 신앙교육이 됩니다. 중요한 삶의 과제인 결혼과 직장의 문제를 신앙 안에서 기도하고 결단하며 준비하고 실천할 수 있도록 지속적으로 도와주어야 합니다.

신앙 전수의 출발점,
머리가 아니라 마음에 새기라

400년의 노예 생활에서 해방된 부모 세대와 그 자손들에게 젖과 꿀이 흐르는 가나안 땅을 언약하실 때, 하나님은 이스라엘 백성에게 한 가지 중요한 명령을 하십니다.

> 6 오늘 내가 네게 명하는 이 말씀을 너는 마음에 새기고 7 네 자녀에게 부지런히 가르치며 집에 앉았을 때에든지 길을 갈 때에든지 누워 있을 때에든지 일어날 때에든지 이 말씀을 강론할 것이며 신 6:6-7

여기서 주목할 것은 가정 안에서 자녀들에게 부지런히 하나님 말씀을 전하기 전에 먼저 부모가 그 말씀을 머리가 아닌 마음에 새기라는 명령입니다. 마음은 히브리어로 '레바브'인데 마음의 중심을 일컫습니다. 즉 마음의 중심, 인격과 삶에 하나님의 말씀을 새기고 하나님을 믿는다는 것이 어떤 것인지 삶으로 보이라는 것입니다.

부모가 삶의 우선순위와 모범으로 신앙을 보이면, 자녀는 하나님의 말씀을 지식이 아닌 진리로 받아들이게 됩니다. 신앙은 지식이어서 입으로 전해지는 것이 아니라 진리여서 삶으로 보여지는 것입니다.

삶에 위기가 왔을 때 무릎 꿇어 기도하고, 이때 자녀도 함께 무릎 꿇려 하나님의 도우심을 구함으로써 하나님이 아니고는 설명할 수 없는 기적 같은 역사를 경험할 때, 자녀는 하나님을 귀로만 듣던 분이 아니라 내가 직접 경험한 하나님으로 믿게 됩니다. 기도는 그렇게 배우는 것입니다. 신앙은 그렇게 전수되는 것입니다. 그렇게 자라난 자녀는 살면서 어려움을 겪을 때 자기도 모르게 부모님처럼 무릎 꿇어 하나님께 기도하며 기도 중에 고난보다 크신 하나님을 다시금 가까이서 만나게 됩니다.

부모는 가정예배나 신앙적 대화를 통해 하나님의 말씀을 자녀에게 전할 때, 지식이 아니라 이스라엘 역사를 통해 드러난 하나님을 주목하게 해야 합니다. 그분의 성품, 그분의 약속, 그분의 뜻과 계획이 무엇인지 알려 주어야 하는 것입니다.

예를 들어, 가정예배를 드릴 때 솔로몬의 재판 이야기를 읽게

자녀 마음에 하나님을 새기라

되었다고 합시다. 우리는 흔히 자녀가 내용을 잘 이해하고 기억하면 만족하는데, 중요한 것은 그 내용이 아니라 솔로몬의 재판 이야기에 나타난 하나님의 성품과 언약을 기억하는 것입니다. 솔로몬의 지혜에 주목하면 도리어 태어날 때부터 왕자였던 솔로몬과 그렇지 않은 자신을 비교해서 하나님은 공평하지 않은 것 같다며 자존감이 무너질 수 있습니다. 하지만 어리고 경험도 없는 솔로몬에게 지혜를 주시고, 그를 사용하신 하나님을 발견하면, 인생의 소망은 내 힘이 아니라 하나님의 은혜에 있음을 이해하게 됩니다. 그러면 지금까지 내 노력과 내 머리로 공부하던 것을 하나님께 지혜를 구하며 공부할 수 있게 됩니다.

그러기에, 부모는 자녀가 성경에 적힌 이스라엘의 역사를 잘 기억하고 있는가보다 그 이야기를 통하여 하나님의 성품과 언약을 더욱 알아가게 되었는가에 주목해야 합니다. 이렇듯 우리 자녀들이 이스라엘의 역사이야기가 아닌 그 속에 나타난 하나님을 기억하고 알아가고 소망하는 동안, 하나님은 우리 자녀들에게 이 세상보다 하나님을 더 크게 보는 믿음의 시각을 은혜로 주실 것입니다.

신앙 부모의 우선순위,
가정 안에 여호와의 제단을 쌓으라

4 그가 처음으로 제단을 쌓은 곳이라 그가 거기서 여호와의 이름을 불렀

세상 사람들의 시각으로는 아브라함의 가정도 롯의 가정도 복 받아 마땅합니다. 아브라함과 롯은 하나님 때문에 갈대아 우르의 아비 집을 떠났습니다. 직장도 버리고 친족도 버리고 안락한 삶도 버리고 나왔습니다. 하나님이 살아 계시다면 당연히 두 가정 모두 복을 주셔야지요. 그런데 말씀을 자세히 보면, 아브라함과 롯의 차이가 분명하게 드러납니다.

아브라함의 가정에는 여호와의 이름을 부르는 여호와의 제단이 있는 데 반해, 롯의 가정에는 양과 소와 장막만 있습니다. 적당히 돈도 있고 소유물도 있는데 예배는 없습니다. 입으로는 하나님만이 소망이라며 이 길을 떠나왔지만 정작 가정 안에서는 양 챙기느라 소 챙기느라 장막 챙기느라 하나님의 이름을 부를 여유조차 없는 것입니다.

이 차이는 결국 나중에 이 두 가정이 갈라설 때 땅을 선택하는 과정에서 드러납니다. 아브라함은 하나님이 약속하신 가나안 땅을 선택한 반면, 롯은 돈 많고 사람 많고 즐길 게 많은 소돔 땅을 선택합니다. 그리고 롯은 놀랍게도 소돔 땅을 보고 여호와의 동산 같고, 애굽 같다고 말했습니다. 겉보기엔 믿음의 길을 가는 것 같지만 롯은 여호와의 이름을 부르기를 멈추었고, 그러자 자기도 모르는 사이에 세상의 길을 좇았던 것입니다.

하나님은 우리의 가정과 자녀가 세상의 복을 좇아 소돔 땅으로

자녀 마음에 하나님을 새기라

들어가기를 원하시지 않습니다. 하나님을 삶의 중심에 늘 모시고 살면서 우리가 가는 곳마다 복의 땅인 하나님 나라를 구현하기를 원하십니다.

한편, 하나님은 당시 죄악으로 관영하던 소돔 땅이라도 의인 열 명만 있으면 그 땅을 망할 도성에서 구원의 도성으로 바꾸시겠다고 말씀하셨습니다. 예레미야 5장 1절에서는 이제 열 명도 아니고 오직 한 명만 있어도 그 도성을 구원하겠다고 말씀하십니다.

> 너희는 예루살렘 거리로 빨리 다니며 그 넓은 거리에서 찾아보고 알라 너희가 만일 정의를 행하며 진리를 구하는 자를 한 사람이라도 찾으면 내가 이 성읍을 용서하리라 렘 5:1

하나님은 지금도 죄악이 관영한 세상을 구원하기 위해 하나님의 주권과 은혜를 신뢰하며 의지하고 예배하는 의인 열 명이 바로 우리 교회, 우리 가정, 우리 자녀가 되기를 원하십니다.

가정예배는 하나님이 없는 것처럼 여기는 이 세상 속에서 입으로 마음으로 하나님을 인정하고 고백하는 구별된 자리입니다. 가정예배에 대한 많은 정의와 설명이 있지만, 저는 '가족이 모여 하나님을 기억하고 감사하는 것'을 가정예배라고 정의합니다. 성경은 아브라함이 어떤 예배의 형식을 경건히 지켰다고 말하지 않습니다. 그러므로 우리는 예배의 형식이 아닌 우리 삶을 경건하게 빚어 가시는 하나님을 기억하고 감사해야 합니다.

그런 사건이 일어나는 것이 예배입니다. 형식이 아니라 사건이 일어나는 그 구별된 시간과 공간을 일주일에 한 번이라도 온 가족이 함께 지켜 나갈 때, 우리 가정에 하나님이 우리 가정의 주인이심을 기억하는 거룩한 가정예배가 세워질 것입니다.

신앙 부모의 유산은
스펙이 아니라 믿음

사무엘상 17장에는 블레셋과 이스라엘의 전쟁 이야기가 그려져 있습니다. 블레셋의 장수인 골리앗이 하나님의 이름을 모욕하며 희롱하는데, 정작 하나님의 백성들은 골리앗의 강함에 무서워 떨고 있습니다. 이새의 막내아들인 다윗은 전쟁에 나간 형들에게 도시락을 주러 전쟁터에 갔다가 골리앗이 하나님의 이름을 희롱하는 것을 보고 화가 나 골리앗을 물리칩니다.

골리앗의 조롱과 모욕은 자그마치 40일 동안 이어졌습니다. 그럼에도 이스라엘의 왕 사울도, 갑옷과 무기로 중무장한 이스라엘 군사도 말 한마디 못하고 있었습니다. 이때 이스라엘 백성들과 전혀 다른 시각으로 이 상황을 보고 있는 한 사람 다윗이 등장합니다. 다윗은 칼 한 번 제대로 잡아 본 적 없는 애송이인 데다 아직 십대 소년에 불과하며 학벌과 집안으로 쳐도 거의 존재감이 없는 무명의 목동입니다. 그 다윗이 수천 년이 지난 지금도 회자되는 놀라운 역전승을 이끌어 냈습니다.

성경은 의도적으로 다윗이 골리앗을 쓰러뜨린 무기에 대하여 주목하여 기술하고 있습니다. 다윗이 골리앗을 쓰러뜨린 무기는 바로 물맷돌이 아니라 다윗이 선포한 믿음의 고백입니다.

> 다윗이 블레셋 사람에게 이르되 너는 칼과 창과 단창으로 내게 나아오거니와 나는 만군의 여호와의 이름 곧 네가 모욕하는 이스라엘 군대의 하나님의 이름으로 네게 나아가노라 삼상 17:45

다윗은 먼저 하나님의 이름을 기억했습니다. 하나님의 이름이 여호와라면, 즉 어떤 것에도 제한받지 않는 창조주 하나님이라면 이 전쟁은 망할 전쟁이 아니라 승리할 전쟁임을 믿었습니다. 객관적인 현실은 그럴 수 없으나 역사의 주관자인 하나님의 관점으로 보면 승리할 전쟁이었던 것입니다.

> 오늘 여호와께서 너를 내 손에 넘기시리니 삼상 17:46

이제 주체는 다윗에서 여호와로 바뀌었습니다. 다윗과 골리앗의 대화에 하나님이 주어로 등장하신 겁니다. 무슨 말입니까? 다윗과 골리앗의 싸움이 아니라 하나님과 골리앗의 싸움이 되었다는 뜻입니다.

우리 자녀들이 마주해야 하는 현실에는 학업과 진학이라는 골리앗, 재정과 상황이라는 골리앗, 직장과 결혼이라는 골리앗이 버티고 있습니다. 세상 사람들은 골리앗을 이길 무기를 찾는 데 골몰합니다. 골리앗을 무너뜨릴 만한 크고 성능 좋은 무기만 있으면 이길 것이라고 말합니다. 하지만 골리앗은 그렇게 만만한 상대가 아닙니다. 골리앗을 이기는 방법은 오직 하나, 하나님과 한편이 되는 것입니다. 하나님이 내 편이 되심을 믿음으로 고백하며 나아갈 때 우리 손에 들린 작은 돌멩이가 골리앗을 쓰러뜨리게 됩니다.

그러므로 우리 자녀들이 진짜 주목해야 할 것은 지금 내 앞에 있는 골리앗이라는 고난과 이슈가 아니라 내 뒤에 계시는 만군의 여호와 하나님입니다.

세상의 골리앗이 커 보입니까? 우리 하나님은 그와 비교할 수 없을 정도로 크십니다. 세상의 골리앗이 너무나 강합니까? 만군의 하나님은 그보다 더욱 강하십니다. 다윗 역시 골리앗에 비하면 작고 보잘것없었습니다. 하지만 골리앗보다 크신 하나님이 함께하시니 골리앗을 능히 이길 수 있었습니다.

하나님은 믿음으로 든 막대기로 홍해를 가르신 분입니다. 믿음으로 분 뿔나팔로 여리고성을 무너뜨리신 분입니다. 그 하나님을 부모인 우리가 먼저 늘 가슴에 새겨야 합니다. 자녀가 고난과 위기를 만났을 때 자녀의 시선이 눈에 보이는 골리앗이 아니라 그보다 크신 하나님을 바라보도록 도와야 합니다.

믿음 위에 실력을 갖춘
자녀로 세우라

자녀의 믿음의 터가 든든히 세워졌다면, 이제 할 일은 그 삶 위에 세우실 하나님 나라를 위해 합당한 실력을 갖추는 것입니다. 사명을 받은 하나님의 백성에게 무능은 겸손이 아니라 게으름이며, 실력은 교만이 아니라 하나님의 영광을 드러내는 능력입니다. 그래서 아이는 성장해야 하고, 학생은 실력을 키워야 합니다.

사무엘상 13장을 보면 철기 무기로 무장한 블레셋과 대조적으로 제대로 된 무기 하나 없는 이스라엘 백성의 상황이 묘사됩니다. 이스라엘 백성은 칼이나 창을 만들 수 있는 철을 생산하지 못했기 때문입니다.

그때에 이스라엘 온 땅에 철공이 없었으니 삼상 13:19

철공은 전쟁터에서 실력을 의미합니다. 하나님은 블레셋에 맞선 이스라엘의 손을 주목하십니다. 칼과 창도 없는 초라한 모습입니다.

싸우는 날에 사울과 요나단과 함께한 백성의 손에는 칼이나 창이 없고 오직 사울과 그의 아들 요나단에게만 있었더라 삼상 13:22

하나님은 철기로 된 칼이 준비된 한 사람을 주목하십니다. 그는 믿음과 함께 실력도 갖춘 사람입니다. 바로 요나단입니다. 요나단은 "여호와의 구원은 사람이 많고 적음에 달리지 아니하였느니라"(삼상 14:6)는 믿음을 가지고 적진의 깊은 곳까지 들어가 적진을 혼란에 빠뜨립니다.

하나님의 부르심을 받고 세상으로 나가야 하는 우리 자녀의 손에는 무엇이 들려 있습니까? 세상은 무서운 속도로 이 시대의 칼을 날카롭게 세우고 믹마스 어귀까지 와서 우리를 위협하는데, 우리 자녀는 무엇을 손에 쥐고 나가고 있습니까?

우리는 분명히 기억해야 합니다. 여호와의 전쟁은 사람의 많고 적음에 달려 있지 않지만, 하나님은 그 전쟁을 승리로 이끄시기 위해 무딘 무기를 들고 있던 수많은 이스라엘 군인들이 아니라 준비된 칼을 쥐고 있던 요나단을 주목하셨고 사용하셨습니다.

다니엘도 "그 지혜와 총명이 온 나라 박수와 술객보다 십 배나 나은 줄을 아니라"(단 1:20)고 왕이 인정하는 능력자였습니다. 다니엘은 흔들리지 않는 믿음의 소유자였지만 동시에 탁월한 실력까지 겸비한 사람이었습니다.

예수님은 영성도 뛰어났지만 실력도 남달랐습니다. 당시 이스라엘 백성의 구체적인 삶의 문제들을 다루실 때 율법과 성경, 정치, 윤리 등 다방면에서 탁월한 실력을 갖고 있음을 드러내셨습니다.

예수님의 열두 제자는 부르심을 받을 때만 해도 그저 평범한 소시민에 불과했습니다. 하지만 그들이 사도로, 선지자로 활동했을

자녀 마음에 하나님을 새기라

때는 이미 훈련되어 지식과 분별력과 담대함과 통찰력이 갖춰진 실력자였습니다.

성경은 높아지려 하지 말고 낮아지라고 말합니다. 이때 낮아짐은 자세를 말하는 것이지 실력을 말하는 것이 아닙니다. 성막을 세울 때도, 성전을 지을 때도, 시대를 이끌 지도자를 세울 때도 하나님은 탁월한 실력을 갖춘 사람들을 사용하셨습니다.

우리 자녀들도 믿음의 영성을 갖출 뿐 아니라 부르신 자리에서 사명을 감당하기 합당한 실력을 갖춰야 합니다. 부모의 역할은 믿음의 본을 보여 자녀로 하여금 영성을 갖도록 하는 것뿐만 아니라 사명에 합당한 학문과 실력을 성실하게 갖춰 가도록 양육하는 것입니다. 우리 자녀들은 그렇게 겸비된 실력으로 하나님의 지혜와 영광을 드러내야 할 것입니다.

신앙 부모의

기도

신앙 부모는 기도하는 부모입니다. 하나님의 인도하심과 은혜만이 우리 자녀의 삶을 온전하게 할 수 있음을 알기에 부모는 기도할 수밖에 없습니다. 예수님이 제자들에게 가르쳐 주신 기도는 부모가 자녀를 위해 드리는 기도에도 동일하게 적용할 수 있는 기도의 모범입니다.

주기도문을 살펴봅시다. 주기도문은 앞부분의 하나님과의 관계에 대한 영적인 기도와 뒷부분의 우리 삶에 필요한 것들을 구하는 간구의 기도가 병렬구조로 되어 있습니다. 그런데 과연 하나님의 이름도 거룩해지고, 내가 필요한 것들도 넉넉히 채워 달라는 것이 이 기도의 핵심일까요?

그렇지 않습니다. 예수님이 주기도문을 앞뒤로 둘러싸며 일관되게 강조하신 것이 있습니다. 바로 하나님이 우리의 필요를 이미 다 알고 계신다는 것입니다.

> 그러므로 그들을 본받지 말라 구하기 전에 너희에게 있어야 할 것을 하나님 너희 아버지께서 아시느니라 마 6:8
>
> 그러므로 내가 너희에게 이르노니 목숨을 위하여 무엇을 먹을까 무엇을 마실까 몸을 위하여 무엇을 입을까 염려하지 말라 목숨이 음식보다 중하지 아니하며 몸이 의복보다 중하지 아니하냐 마 6:25

우리의 필요를 하나님이 이미 아신다는 내용입니다. 심지어 예수님은 무엇을 먹을까, 무엇을 마실까, 무엇을 입을까도 구하지 말라고 하셨습니다.

> 31 그러므로 염려하여 이르기를 무엇을 먹을까 무엇을 마실까 무엇을 입을까 하지 말라 32 이는 다 이방인들이 구하는 것이라 너희 하늘 아버지께서 이 모든 것이 너희에게 있어야 할 줄을 아시느니라 마 6:31-32

자녀 마음에 하나님을 새기라

이를 볼 때 주기도문의 핵심은 하나님의 이름도 영광받으시고, 내가 필요한 것들도 넉넉히 채워 달라는 것이 아닌 게 분명합니다. 그렇다면 예수님이 주기도문을 통해 가르치고자 하신 진짜 메시지는 무엇일까요? 이어지는 구절에 그 단서가 나옵니다.

> 그런즉 너희는 먼저 그의 나라와 그의 의를 구하라 그리하면 이 모든 것을 너희에게 더하시리라 마 6:33

이 말씀은 하나님 나라와 뜻이 이루어지는 문제와 우리 삶에 필요한 것을 구하는 문제가 어떤 구조로 연결되어야 하는지를 분명하게 알려 줍니다. 즉 먼저 하나님 나라와 뜻을 구하는 것이 우리 삶의 목적이요 비전이 될 때, 우리 삶에 필요한 모든 간구는 하나님이 책임져 주십니다. 그러니 주기도문의 핵심은, 하나님의 뜻과 나라를 위해 살아가고자 하는 우리가 삶에서 빵이 문제가 되고 인간관계가 문제가 되고 나의 연약함이 문제가 될 때 하나님이 우리의 간구를 들으시고 넉넉히 역사하신다는 것입니다. 그렇게 우리의 기도가 영적인 질서를 바로잡아 갈 때, 주기도문의 결론인 우리의 삶은 곧 하나님 나라와 권세와 영광이 영원히 아버지에게 있음을 세상에 드러내게 될 것입니다.

자녀를 향한 우리의 기도 제목을 하나로 줄이면 무엇이 남습니까? 하나님의 나라와 영광이 남습니까? 아니면 내 삶의 필요와 욕심이 남습니까? 하나님 나라와 영광이 남는다면 우리 삶의 필요는 하나님이 책임지시고 더하여 넉넉히 채워 주실 것입니다. 반대로 나의 필요만 남았다면, 지금 예수님의 기도를 다시 배워야 합니다.

3%의 소금은 세상을 변화시키기에 결코 적지 않다

성경은 하나님 나라가 다시 회복되는 순간은 더 많은 숫자의 사람들에 의해서가 아니라 진실된 믿음을 지켜 낸 소수의 사람들을 통해서였음을 증언합니다. 이사야를 통해 남유다가 마주할 현실을 말씀하시는 중에도 하나님의 관심은 믿음 안에서 거룩히 구별되어 살아남은 그루터기에 있었습니다(사 6:11-13).

예수님 역시 구름 떼처럼 몰려드는 군중의 환호에도 오직 소수의 제자들을 끝까지 붙드시고 마침내 능력의 사도들로 세우셨습니다. 어린아이가 싸 온 도시락 하나로 오천 명을 먹이고도 열두 광주리가 남는 풍성한 천국 식사 자리로 만드셨습니다. 그렇기에 우리는 빈들과 같이 메말라 버린 현실에서도 여전히 역사를 주관하시는 하나님의 일하심에 주목해야 합니다.

지금까지 살펴보았듯이, 하나님은 믿음의 다음 세대를 세우기 위해 그들을 양육할 부모 세대를 불러 먼저 믿음의 삶을 살아 낼 것을 명령하셨습니다. 그리고 그 명령에 응답한 사람들을 통해 믿음의 다음 세대를 신실하게 세워 가셨습니다.

자녀 마음에 하나님을 새기라

다음 세대가 교회에서 세상으로 빠져나가는, 이른바 조용한 출애굽 현상(silent exodus)의 한복판에 있는 지금이 믿음의 아브라함을 통해 믿음의 다음 세대 이삭이, 믿음의 아비 야곱을 통해 축복의 다음 세대 요셉이, 믿음의 어머니 요게벳과 한나를 통해 믿음의 리더 모세와 사무엘이, 영적 아비 사도 바울을 통해 믿음의 자녀 디모데가 다시금 세워져야 할 때입니다.

믿음의 부모 세대가 하나님의 언약과 명령 앞에 다시금 엄중히 서게 된다면, 오늘날 남은 그루터기 같은 3.8%의 믿음의 자녀 세대가 세상이라는 바다를 하나님의 영광과 부흥으로 늘 신선하게 살려 내는 진정한 소금으로서의 역할을 하게 될 것입니다. 광활한 바닷속에서 수많은 생물들이 생명을 이어 갈 수 있는 이유는 단지 3%도 되지 않는 소금이 있기 때문임을 기억한다면, 이 시대 기독 청년은 결코 적은 숫자가 아님이 분명합니다.

2장

현장 리포트:

신앙 전수,

부모가

관건이다

"자녀들이 신앙을 거부하는 이유는
너무 많은 가르침을 주기 때문이 아니라
우리가 실천하지 않기 때문이다."[18]
샘 루스

무너진 부모 세대,
다음 세대 선교사로 다시 부름 받다

한국 교회의 다음 세대가 무너지고 있다는 선언이 공론화된 지 벌써 20년이 지났습니다. 그러나 한국 교회는 여전히 성경적이고 신학적으로 합당한 대안을 찾지 못하고 있습니다.

지난 2015년 4월 자 한국갤럽에 의하면 한국 전체 성인 인구 중 기독교인의 비율은 21%인 반면,[19] 유사한 시기에 한국의 대표적인 선교단체인 한국대학생선교회에서 발표한 중고등부 복음화율은 3.8%[20]로 보고되었습니다. 또한 2016년 101회 대한예수교장로회(예장통합) 총회에 보고된 청년보고서에 의하면 교회 내 청년 분포율은 2.19%[21]에 불과했습니다. 게다가 2010년 이래 한 번도 올라가 본 적 없는 다음 세대 교세(예장통합)에 관한 통계자료들[22]과 점점 늘어 가는 가나안 교인들에 대한 이야기를 듣노라면, 오래전

자녀 마음에 하나님을 새기라

기독교 교육학자인 존 웨스터호프(John Westerhoff)가 미국 교회의 다음 세대를 향해 던진 질문이 어느덧 오늘 한국 교회의 다음 세대를 향한 무거운 질문이 되어 버렸음을 절감하게 됩니다.

"과연 우리 다음 세대가 신앙을 지속할 수 있을까?"[23]

2015년 성인
기독교 분포율 21%

2015년 청소년 기독교 분포율 3.8%
2016년 교회 내 청년 분포율 2.19%

작금의 한국 교회 다음 세대의 현실을 정직하게 마주해 보면, 미전도 종족이란 더 이상 지구촌의 오지 마을에서 살아가는 사람들의 이야기가 아님을 깨닫게 됩니다. 미전도 종족은 170국이 넘는 나라에 선교사를 보내는, 전 세계 선교사 파송 2위 국가인 한국 교회에 있습니다. 바로 우리 자녀 세대입니다.

30년 전 미전도 종족이 북위 4도에서 40도 사이(4/40 Window)에 몰려 있다고 본 선교학자 루이스 부시(Luis Bush) 박사는 이제 미전도 종족의 개념을 지역이 아닌 연령의 개념으로, 즉 만 4세에서 14세(4/14 Window)로 전환해야 한다고 말합니다. 이것이 바로 우리의 현실입니다.[24]

그런 의미에서 이제 선교는 다른 지역, 다른 문화권에 가서 전하는 수평적 선교만이 아니라, 우리나라, 우리 문화권, 우리 교회, 우리 가정의 자녀 세대에게 복음을 전하는 수직적 선교로 확장되어야 합니다.[25] 그리고 우리의 다음 세대가 이미 미전도 종족이 되어 버렸다면 이제 이 시대의 모든 믿음의 부모는 그 직분에 상관없이 수직적 선교사가 되어야 합니다.

자녀가 아니라
부모의 신앙이 무너진 것

부모 세대 기독교인 21%와 청소년 복음화율 3.8%의 현재적 상황을 볼 때 과연 어느 세대의 신앙이 무너진 것일까요? 수치적으로는 다음 세대가 무너진 것처럼 보이지만, 실상은 부모 세대가 무너진 것입니다. 왜냐하면 예수님이 인생의 주인되심을 고백하는 정상적인 믿음의 부모라면, 목숨을 주어도 아깝지 않을 우리 자녀들이 미전도 종족이 된 상황을 보고만 있지는 않을 것이기 때문입니다.

동일한 관점에서 세상을 보면 어떠할까요? 자신의 삶을 진정으로 안전하게 지켜 주는 것이 돈이라고 믿는 세상의 부모가 있다면, 그 부모는 말할 것도 없이 자녀가 어렸을 때부터 그의 손에 돈을 쥐어 주려고 밤낮 수고를 마다하지 않을 것입니다. 만일 명문 학벌이 그 삶을 지켜 준다고 믿는다면, 그 부모는 적어도 그 자녀의 인생에 명문 대학이라는 이름을 타협 없이 새겨넣으려고 목숨을 걸 것입니다.

그렇다면 믿음의 부모는 어떠할까요? 만일 기독교인의 상식대

자녀 마음에 하나님을 새기라

로 예수님만이 세상 어느 것과도 타협할 수 없는 절대 순위의 진리이자 최고의 가치라면, 자녀들에게 다른 어떤 가치와 이름보다도 예수의 이름을 전하려 목숨을 거는 것이 지극히 당연합니다.

초대교회부터 기독교인들을 지칭하는 대표적인 이름 중 하나는 바로 '증인'이었습니다. 왜냐하면 기독교인들은 만나는 사람마다 자신이 보고 믿고 경험한 예수님을 전하고, 그 예수님이 말씀하신 대로 살았기 때문입니다. 흥미로운 것은 이 증인(witness)의 헬라어인 마르투스(martus)가 당시 목숨을 걸고 그리스도를 세상에 전하던 순교자(martyr)라는 단어와 어원이 동일하다는 것입니다. 그렇다면, 과연 이 시대 믿음의 부모 세대는 우리 다음 세대에게 무엇을 목숨을 걸고 전하고 있습니까? 예수의 이름인가요? 아니면 명문 대학, 명문 직장인가요?

현재 서울 시내의 한 교회에서 중고등부 사역을 섬기고 있는 제자로부터 들은 상황은 이렇습니다. 중학교 2학년 딸아이의 기말고사 시험을 앞둔 주일날, 교회의 집사님인 어머니가 중등부 예배 시간인 오전 10시에 자신의 딸을 학원 앞에 내려 주며 이렇게 인사를 한답니다.

"해인아, 이번 기말고사 얼마나 중요한지 알지? 열심히 공부해, 엄마는 열심히 기도할게!"

이렇게 돌아서는 어머니의 뒷모습을 보면서 그 딸은 아마 '아, 신앙은 여차하면 제쳐 둬도 되는구나' 하고 생각할 지도 모릅니다. 급할 땐 찾고, 손해 볼 것 같을 때는 여지없이 버리는 예수님이 어떻게 자녀의 인생을 지켜 줄 것이라고 믿겠습니까? 그보다 스펙이 인생을 지켜 주는 진짜라고 여기지 않겠습니까?

아니나 다를까, 아동부와 청소년부 등 다음 세대를 양육하는 신학생들의 전언에 의하면, 최근 교회학교 결석 원인 1위가 가족여행이라고 합니다. 저는 이 사실이 의미하는 바가 크다고 생각합니다. 우리는 그동안 다음 세대가 무너지는 이유를 외부에서 찾았지만, 이 결과로 볼 때 예배를 소홀히 여기는 부모 세대의 안이함도 한몫하고 있다는 것을 알 수 있습니다. 부모 세대가 '여차하면 신앙은 제쳐 둬도 되는구나'라는 암묵적인 메시지를 우리 아이들에게 보내고 있는 겁니다. 하나님을 가르치지 않는 학교나 학원을 탓할 때가 아닙니다.

자녀 신앙의 관건은
부모의 신앙

2015년에 발간된 《한국 교회교육의 위기진단과 대안의 방향》이라는 책자가 있습니다. 장로회신학대학교 기독교교육과 50주년을 맞이하여 212개 교회, 350명을 대상으로 설문한 결과를 묶은 책자입니다. 그 책에 따르면, 한국 교회교육 위기의 10가지 요인 중 가장 심각하며 긴급한 요인이 바로 부모였습니다. 세부적으로 보면, 1위가 가정의 신앙교육 부재, 2위가 부모들의 세속적 자녀

교육관, 3위가 부모의 신앙 저하입니다.[26]

한편, 2016년에 발표된 〈신앙 공동체의 양육 태도가 청소년 신앙 정체성에 미치는 영향〉이라는 장로회신학대학교 석사 논문에 의하면, 청소년의 신앙 형성에 가장 결정적인 영향을 주는 요소로 1위는 어머니(52.4%), 2위는 아버지(16.5%), 3위는 교회 친구 및 선후배(12.6%)였습니다.[27] 이는 자녀의 신앙에 미치는 부모의 영향이 절대적이라는 사실을 말해 줍니다.

미국의 조사 기관인 서치 인스티튜트(Search Institute)에서 발표한 자료를 통해서도 부모의 삶과 가정에서의 역할이 자녀의 신앙 전수에 절대적인 영향을 미친다는 사실을 발견할 수 있습니다. 미국의 기독 청소년 5만 명을 대상으로 설문한 결과, 자신의 신앙 형성에 가장 큰 영향을 준 요소로 1위 어머니, 2위 아버지, 3위 목회자, 4위 교회학교 교사의 순으로 나타났습니다. 그중 1위와 2위가 차지하는 비중이 80%가 넘었습니다. 부모의 영향력이 절대적인 것입니다.[28]

이 통계는 한국이든 미국이든 청소년을 대상으로 한 것이었습니다. 그렇다면 그보다 어린 초등학생이나 미취학 아동들은 이보다 훨씬 큰 영향을 부모로부터 받는다는 것이 자명합니다.

• 청소년의 신앙에 영향을 미치는 대상 •

1위. 어머니(52.4%)

2위. 아버지(16.5%)

3위. 친구 및 선후배(12.6%)

8년 전 충신교회의 교육총괄 목사로 섬기던 첫해에 고등부 겨울수련회를 진행했습니다. 주일 평균 출석 인원이 90여 명인데 수련회에는 20여 명 참여했더군요. 나머지는 학원에 갔을 것이라는 게 고등부 담당 목사님의 전언이었습니다. 수련회를 마치고 담임 목사님에게 보고를 하면서 한 가지 간곡히 부탁한 것이 있습니다. 바로 자녀축복기도회를 예배 시간에 광고해 달라는 것이었습니다. 축복의 자녀를 언약하신 하나님이 먼저 부모 세대에게 어떤 명령과 책임을 주셨는지 듣기 원하는 분들을 초청한다는 내용이었습니다.

이후 매주 목요일이면 부모님들과 모임을 가졌고, 언약을 먼저 맡은 자로서 자녀에 대한 책임이 있음을 말씀을 통해 배우고 깨닫는 시간이 되었습니다. 부모님들이 매주 결단한 기도는 이것이었습니다.

"하나님, 이 자녀를 내 뜻대로 하지 않겠습니다. 하나님의 언약대로 인도하여 주시옵소서."

"하나님, 내 자녀의 상황에 매몰되지 않겠습니다. 상황보다 크

자녀 마음에 하나님을 새기라

신 하나님을 더욱 신뢰하겠습니다."

처음 시작할 때는 20여 명이었으나 2년 뒤에는 200여 명으로 늘어났고, 결과는 그 해 고등부 여름 수련회에서 나타났습니다. 수능이 석 달도 남지 않은 상황인데도 무려 98명이 수련회에 참여한 것입니다. 출석 인원 90명에 8명이 더 초청되어 참여했습니다.

믿음의 부모가 든든히 세워지니, 고등부 아이들에게 여름 수련회는 더 이상 공부할 시간을 놓치고 손해 보는 자리가 아니었습니다. 도리어 하나님께 넉넉히 격려받고 능력받아 남은 수능 준비의 여정을 안전하게 걸어갈 수 있는 충전의 자리라고 여겨졌습니다.

얼마 전 충신교회 담임목사님이 들려준 매우 기쁜 소식이 있습니다.

"교수님, 올해 고등부에서 졸업한 아이들이 38명인데요, 그중에 32명이 교회학교 교사가 되겠다고 16주짜리 교사 교육에 신청했습니다."

38명 중에 32명이라면 유학을 가거나 재수를 하는 친구들을 제외하고 거의 전원이 헌신을 결단한 것입니다.

많은 사람들이 한국 교회 다음 세대에 하나님의 은혜가 메마른 것 같다고 말합니다. 그러나 진짜 메마른 것은 다음 세대를 향한 하나님의 은혜가 아니라 하나님의 말씀 앞에 선 부모 세대입니다. 하나님의 은혜는 말씀의 언약대로 주의 이름으로 모이는 곳마다 늘 신실히 임하십니다. 은혜의 소낙비는 언약대로 쏟아지는데 문제는 우리의 그릇이 엎어져 있는 것입니다. 소낙비가 쏟아져도 그

롯이 뒤집어져 있으면 물 한 방울 받을 수가 없습니다.

하나님이 언약하신 다음 세대의 회복과 부흥은 그들에게 신앙을 전수할 책임이 있는 부모 세대가 사명자로서 믿음의 그릇을 바르게 돌려놓을 때 성취될 것입니다.

자녀를 둘러싼 신앙 환경

그렇다면 오늘날 우리 자녀 세대가 신앙을 전수받는 삶의 현장은 어떤지 좀 더 자세히 살펴보도록 합시다.

#1. 삶의 문제에서 신앙적이지 못한 부모 세대

많은 신앙 부모들이 자녀를 위한 기도는 열심히 하지만, 정작 자녀의 인생 주기에 따라 당면하는 다양하고 긴급한 문제들에 대해서는 신앙적으로 양육하지 못하고 있습니다. 그렇다 보니 많은 가정이 기도 제목으로 자녀의 신앙 회복 문제를 내놓고 있습니다. 부모 세대를 양육하는 교구목회자들 역시 진학과 취업, 결혼, 재정 등 자녀가 당면한 문제들에 대응하기 위한 구체적인 영적 훈련을 제공하지 못하고 있습니다. 다만 하나님의 선하신 계획과 인도하심을 믿으라고 위로할 따름입니다.[29]

신앙교육은 일시적인 위로로 끝나선 안 됩니다. 모든 삶의 문제

자녀 마음에 하나님을 새기라

들에 말씀과 믿음으로 싸워 이기는 영적 훈련소이자 파병소로서의 전방위적 신앙교육이 이뤄져야 합니다.

#2. 회심하지 못한 부모 세대

신앙 부모들은 내 삶의 주인이 예수님이시라고 고백합니다. 그런데 과연 부모로서도 회심했나요? 다시 말해 진학과 취업, 결혼 등 자녀가 당면한 현실을 대할 때도 예수님이 주인이시라고 고백하느냐 말입니다.

'우리나라 최대 종교는 대학교'라는 말이 있을 만큼 대학이 우상이 된 현실에서 예수님께 자녀의 삶을 맡기기가 두렵습니다. 저 대학만 들어가면, 저 직장만 들어가면, 저 사람과 결혼만 하면, 인생의 모든 문제가 해결되고 탄탄대로로 뻗어나갈 것 같습니다. 우리 사회를 지배하는 신화와 무관하게 예수님이 내 삶의 주인이라고 인정하며 살기가 참으로 쉽지 않습니다. 부모든 자녀든 하나님과 세상 사이에서 갈팡질팡할 수밖에요.

그러나 그것은 신화에 불과합니다. 진리가 아닙니다. 이 분명한 사실을 부모가 먼저 인정하고 믿음 위에 굳게 서야 합니다.

#3. 본 것만큼 혹은 본 적 없는 가정사역

가정에서 신앙을 전수하는 가장 강력한 방법은 가정예배와 성경공부입니다. 그러나 현실은 가정예배는 물론, 여러 가지 사회적 이슈를 가지고 가족끼리 신앙적으로 해석하고 풀이하는 대화를 나누는 것조차 하지 않습니다. 이유가 무엇입니까?

외부 요인도 있지만, 내부 요인을 찾아보면, 가정예배를 숙제처럼 하기 때문이고, 한편으론 그 시간을 부모의 훈계 시간으로 오해하기 때문입니다. 무엇보다 대부분의 부모 세대는 그들의 부모로부터 신앙교육을 받아 본 적이 없습니다. 있더라도 하나님을 기억하고 감사하는 시간이 아닌 부모의 일방적인 훈계의 시간을 경험한 것입니다.

비교적 성인 양육 프로그램이 잘 짜여져 있는 교회에서도 가정예배와 관련된 프로그램은 부모의 역량을 키워 주는 데 초점이 있지 않고 가정예배에 사용할 자료를 제공하는 것 정도로 그치고 있습니다.

#4. 멈춰 버린 신앙학교

신앙은 지식을 넘어서 생활을 통해 성장합니다. 이 신앙의 여정은 영아기로부터 시작하여 유아·유치기, 아동기, 청소년기, 청년기, 장년기, 노년기에 이르기까지 하나님의 백성들이 이 땅을 사는 동안 결코 중단할 수 없는 영적 순례입니다. 다시 말하면, 하나님의 백성에게는 하나님이 자신에게 주신 인생 주기를 따라서 주기마다 채워 내야 할 신앙적 성장과 사명이 있습니다. 그렇기에 교회는 하나님의 백성들에게 각자의 사명과 여정에 합당한 영적 훈련을 해야 합니다. 하지만 현실은 그렇지 못합니다.

미취학기로부터 청소년기까지는 부서별로 신앙 훈련이 되다 보니 서로 연계되지 않는 문제가 있습니다. 청년기에서부터 성인기, 노년기에는 은사와 직분에 따른 선택적 훈련은 제공되나 공식적인 신앙 훈련은 단절되는 경우가 많습니다.

직장과 결혼을 준비하는 청년기, 믿음의 자녀를 낳고 기르는 장년 초기, 가정과 교회와 세상 속에서 사명을 따라 살아 내야 할 장년 중기, 평생의 여정을 통해 받은 은혜를 보다 강력하게 다음 세대와 교회와 세상에 전수하고 통합해야 할 노년기에 적합한 인생주기 연계 커리큘럼과 실천 매뉴얼이 없는 것입니다.

#5. 섬이 되어 버린 다음 세대 사역

한국 교회 다음 세대 신앙양육은 론 헌터 박사가 북미 지역의 다음 세대 사역을 비판한 '한쪽 귀를 가진 미키마우스'(교회라는 큰 원에 붙어 있는 작은 귀로, 다음 세대 부서 상황을 묘사)[30]보다 더 심각한 상황도 종종 발견됩니다. 예를 들면, 부모 세대와 자녀 세대의 예배와 교육이 분리된 것은 물론이고, 부모들이 자녀가 속한 부서의 담당 교역자와 교사를 잘 알지 못하며, 심지어 교구교역자가 각 가정의 자녀가 어떤 신앙적 여정에 있는지 알지 못하는 겁니다.

저는 이러한 현상을 '섬이 되어 버린 다음 세대 사역'이라고 부릅니다. 이제 교회는 부모 세대와 자녀 세대를 유기적으로 연결해 신앙 공동체로 세워 가기 위해 고민하고 대안을 세워야 합니다.

그동안 많은 부모들이 자녀의 신앙교육을 교회학교에만 맡겼는데, 교회학교의 현실을 볼 때 안심할 수 없다는 것을 알아야 합니다. 교회학교의 교역자들은 대체로 신학대학원 훈련 과정 중에 있거나 이에 준하는 훈련을 받은 사람들입니다. 그들은 목회적이나 신학적으로 많은 경험과 내공을 갖춘 상태에 있지 않습니다. 그런 상황에서 다음 세대 양육을 위한 예배, 제자훈련, 성경공부, 절기 교육, 상담, 심방 등이 이뤄지고 있습니다.

#6. 분리된 세 의자

오늘날 많은 한국 교회 안에서도 브루스 윌킨스(Bruce Wilkinson)가 비유한 신앙적으로 분리된 세 개의 신앙 의자가 발견됩니다.[31] 첫째 의자는 하나님을 직접 체험하고 경험한 세대가 앉는 의자이며, 둘째 의자는 부모로부터 하나님에 대해 들어 보았으나 만나 보지 못한 세대가 앉는 의자이고, 셋째 의자는 하나님에 대하여 전혀 알지 못하는 세대가 앉는 의자입니다. 윌킨스 박사는 시간이 지날수록 첫째 의자의 수보다 셋째 의자의 수가 많아질 것이라고 진단합니다. 이는 한국 교회도 예외는 아닙니다.

한국 교회에는 일제시대와 한국 전쟁, 근대 민주화와 경제화의 힘든 과정을 지나며 하나님의 크신 은혜를 삶으로 체험한 조부모 세대와 부모 세대가 여전히 교회를 든든히 세우기 위해 헌신하고 있지만, 시간이 지날수록 첫째 의자에 앉은 사람보다 셋째 의자에 앉은 사람이 늘어나고 있는 것이 현실입니다.

자녀 마음에 하나님을 새기라

#7. 1% 출산율도 무너진 한국 사회

분리된 세 의자와 함께 다음 세대 신앙 전수 현장에서 발견되는 위험 요인 중 하나가 바로 출산율의 하락과 학령인구 감소입니다.

최근 통계청 자료에 따르면 1970년에 4.53명이던 출산율이 1983년 2.06명, 2001년 1.31명, 2017년 1.05명을 기록하다가 2018년에는 0.98명으로 내려갔습니다.[32] 이는 인구 유지를 위한 출산율인 2.1명에 비해 현저히 떨어지는 숫자이며, OECD 평균 출산율인 1.68명에 비해서도 매우 낮은 수치입니다. 이러한 출산율의 하락은 한국 교회 다음 세대 학령인구 하락과 직결됩니다. 1980년대에 1440만 명이던 학령인구는 1990년대에 1330만 명, 2000년대에는 1138만 명, 2010년에는 995만 명, 2018년에는 824만 명으로 지속적으로 감소하고 있습니다.[33]

한국 사회의 출산율 하락과 학령인구 감소가 한국 교회 다음 세대 감소에 직접적인 영향을 미치는 것은 사실이지만, 여기서 우리가 주목할 것은 다음 세대 출석 인원 하락세가 학령인구 감소율보다 더 높게 나타난다는 사실입니다.[34]

#8. 미디어의 제자가 된 아이들

우리 가정이 영적 훈련소가 아닌 세상의 피난처로만 기능하는 순간, 우리 자녀들은 불행히도 영적 피난민으로 떠돌아야 합니다. 사실 많은 자녀들이 일주일 내내 핸드폰, 인터넷, 게임, 폭력과 음란, 경쟁 문화에 노출되어 그것들의 제자가 되고 있습니다.

2019년 여성가족부의 자료에 의하면, 성인용 영상물을 경험한 청소년이 39.4%이며 청소년 이용 불가 게임도 17.8%나 경험한 것으로 보고되었습니다. 술은 33.5%, 담배는 9.6%, 환각물질은 0.4%가 경험한 것으로 보고되었습니다.[35] 2017년 한국정보화진흥원과 과학기술정보통신부의 자료에 따르면, 중독의 경향을 나타내는 스마트폰 '과의존 위험군'에 해당하는 분포도가 유아는 19.1%, 청소년은 30.3%로 조사되었고, 주 평균 인터넷 이용 시간 역시 10대가 16.9시간, 20대는 23.6시간으로 나타났습니다.[36]

일주일에 한 시간 신앙양육을 받는 것과 비교했을 때 우리 아이들이 절대적으로 많은 시간을 미디어와 함께하고 있는 것입니다. 더구나 가족 여행과 학원 수강 등으로 일주일에 한 시간도 제대로 예배드리지 못하는 것이 오늘날 다음 세대의 현실입니다.

#9. 교회와 가정, 기독 청년 세대의 걸림돌이자 디딤돌

교회 내 청년 세대 분포율이 점점 줄어들고 있습니다. 그 배경에는 기독교의 신뢰도 추락, 부모 세대로부터 경험한 신앙적 위선, 실업률 증가, 결혼 기피 현상의 증가, 커지는 세대 간 가치관과 문화적 차이, 사회적인 탈종교화 현상 등이 있습니다.[37] 이렇듯 많은 요인들이 종합적으로 작용하여 오늘날 기독 청년 세대의 복음화율이 떨어지고 있습니다.

그런데 최근 연구조사에서 주목해야 하는 것이, 청년들은 그들이 경험한 교회와 가정 때문에 신앙에서 떠나고 있다는 사실입니

자녀 마음에 하나님을 새기라

다. 최근 한국 교회지도자센터에서 실시한 설문조사에 따르면, 에코 세대라고 불리는 청년들이 교회를 떠나는 주된 이유로 교회 내의 배타적이고 불편한 관계(53.6%), 사회경제적 이유(26.1%), 교회 문제나 지도자에 대한 실망(12.7%), 개인·가족의 문제(7.6%) 등을 들었습니다.[38]

그렇다면 청년들을 다시 교회로 돌아오게 하려면 어떻게 해야 하느냐는 질문에는 지속적 관심과 돌봄(36.8%), 언행일치와 솔선수범(29.9%), 예배의 회복(21.6%), 교회의 사회적 책임(18.4%)이라고 답했습니다.[39]

이렇듯 교회 외적의 요소보다 교회와 가정에서 경험하는 내적 요소가 청년들의 신앙에 큰 영향을 미친다는 연구 결과는 오늘날 한국 교회가 나아갈 방향을 제시하고 있습니다.

3장

패러다임 바꾸기:

가정-교회 연계로

교육목회

매핑하기

"교회는 예수님을 따르며 교회의 차세대 리더가 될 믿음의 세대를 준비하고 세우는 사역을 신실히 감당해야 한다. 그러나, 하나님께서 그러한 믿음의 다음세대를 양육하시는데 우선적 책임을 부여하신 대상은 바로 '부모'이다."[40]
조지 바나

"…너희 조상들이 강 저쪽에서 섬기던 신들이든지 또는 너희가 거주하는 땅에 있는 아모리 족속의 신들이든지 너희가 섬길 자를 오늘 택하라. 오직 나와 내 집은 여호와를 섬기겠노라 하니"
여호수아 24장 15절

패러다임의 전환,
세대 간 신앙 전수로 바꾸기

지금까지 한국 교회 다음 세대 신앙 전수는 한마디로 교회학교 위탁형 세대별 신앙교육 패러다임이었습니다. 그러나 일주일 중 고작 한 시간 교회학교에서 받는 훈련으로는 신앙이 전수되지 않습니다. 성경을 통해서도 확인했듯이, 하나님은 부모에게 신앙 전수의 책임을 맡기셨고, 앉거나 서거나 길을 가거나 누워 있거나 부지런히 말씀을 가르치라 명령하셨습니다. 뿐만 아니라 성인이 되기 전까지만 양육하라 하지 않고, 평생을 통하여 그리스도의 장성

자녀 마음에 하나님을 새기라

한 분량에 이르도록 양육하고 양육받으라 하셨습니다.

그러므로 부모는 지금처럼 교회학교에만 신앙교육을 위탁해서는 안 되고, 직접 신앙을 전수하는 말씀 전달자, 제자 양육자, 신앙 교사가 되어야 합니다. 자녀가 당면한 삶의 구체적인 이슈마다 하나님의 살아 있는 말씀을 따라 세상을 이기며 온전한 가정 공동체를 세워 가야 합니다. 이를 위해 이제 '교회학교 위탁형' 신앙교육에서 '세대 간 가정-교회 연계' 신앙교육으로 패러다임이 바뀌어야 합니다.

이 장에서는 그렇다면 어떻게 '세대 간 가정-교회 연계' 신앙교육으로 신앙을 전수할 수 있는지 교육 이론과 함께 구체적인 실천 방안을 소개하고자 합니다.

교육목회의 DNA, 보이지 않는 강력한 설계도

목회는 본질적으로 하나님이 계획하고 인도하시는 하나님의 목회입니다. 따라서 목회에 한계 상황이 오거나 위기가 닥쳤다면 가장 먼저 성경으로 돌아가 하나님의 목회를 살펴보아야 합니다.

하나님은 하나님 나라를 세우는 하나님의 목회를 펼쳐 가기 위해 두 가지 중요한 부르심을 하십니다. 하나는 하나님의 백성들을 향한 하나님의 선한 뜻을 알려 주시는 '사명으로의 부르심'이며, 다

른 하나는 그 사명을 회중들이 감당하도록 지혜와 역량을 채워 나가는 '양육으로의 부르심'입니다.[41]

성경은 하나님이 이 두 가지 부르심을 어떻게 하나님의 백성들의 삶에 구현하셨는지를 보여 줍니다.

먼저 (1) 리더를 세우사 부름 받은 공동체의 온 회중이 그들에게 주신 하나님의 사명을 함께 듣게 하셨고, (2) 그 사명을 이루기 위한 구체적인 비전들을 선포하게 하셨으며, (3) 사명과 비전을 이루기 위한 가장 적합한 전략과 핵심가치를 발견하게 하셨고, (4) 공동체가 어떻게 구체적으로 이 전략을 따라 수행할 것인지에 대한 커리큘럼을 세우셨고, (5) 이 커리큘럼에 하나님의 백성들이 매일 혹은 매주 체계적이고 의도적으로 참여하게 하셨으며, (6) 마침내 하나님의 부르심이 온 회중의 현재적 고백과 간증이 되게 하셨습니다.

구약의 이스라엘 공동체를 부르시고 인도하실 때도 그랬고, 신약의 교회 공동체를 부르시고 하나님 나라를 세워 가실 때도 그랬듯이, 소명과 양육의 두 가지 부르심을 통해 여섯 단계의 목회 여정을 따라 하나님 백성의 삶에 하나님 나라를 세워 가셨습니다.

사명 ▶ 비전 ▶ 전략 ▶ 커리큘럼 ▶ 프로그램 ▶ 평가

자녀 마음에 하나님을 새기라

저는 이 교육목회의 여정을 '교육목회 매핑'(educational ministry mapping)이라고 부릅니다. 그리고 앞의 세 단계, 즉 사명을 공유하고, 비전과 핵심가치를 발견하며, 전략을 분별하는 단계를 '교육목회 DNA'라고 부릅니다. 왜냐하면 나머지 세 단계, 즉 커리큘럼과 프로그램, 평가는 결국 눈에 보이지 않는 교육목회 DNA의 설계도를 따른 결과이기 때문입니다.

따라서 하나님의 부르신 사명에 합당한 의도적이고 체계적이며 일관된 목회 여정은 하나님의 부르심에서 시작되고, 하나님이 주시는 비전으로 인도되며, 하나님의 말씀과 방법으로 실천되고 평가되어 결국은 그 시작과 마침이 모두 하나님이 주관하시는 진정한 하나님의 목회로 완성되어 갑니다.

이 목회 여정을 따라갈 때 교회는 하나님이 꿈꾸신 비전을 이 땅에 세워 가는 교육목회의 가장 구체적이고 핵심적이며 영적인 기관이 될 것입니다. 사도행전에서 예수님을 따르던 제자들에 의해 세워진 신앙 공동체는 하나님만을 간절히 기다리고 응답하는 예배 공동체가 되었고, 예배를 통하여 발견된 사명과 비전을 향해 나가는 사명 공동체가 되었으며, 마침내 세상을 향한 변혁 공동체가 되었습니다.

오늘날 교회도 마찬가지입니다. 십자가 복음의 은혜로 그리스도를 주님으로 고백하는 자들로 세워진 신앙 공동체(faith community)는 공동체 안에서 현재적으로 말씀하시고 언약하시는 예배 공동체(worship faith community)로 세워지며, 예배를 통해 발견된 사명과 비전을 따라 살기 위해 필요한 양육을 지속적으로 공급받는 사명 공동체(missional faith community)가 됩니다. 그렇게 사명과 비전을 따라 신실히 살아가는 그들로 인해 가정과 교회와 세상이 하나님 나라로 세워져 가게 됩니다. 즉 변혁 공동체(transformative faith community)가 되는 것입니다.

신앙 공동체 ▶ 예배 공동체 ▶ 사명 공동체 ▶ 변혁 공동체

가정-교회 연계 신앙 전수, 교육목회 DNA부터 시작하다

이 관점에서 이제 한국 교회의 '가정-교회 연계 세대 간 신앙 전수'를 위한 교육목회 매핑을 그려 보겠습니다.

1. 사명 확인하기: 다음 세대에게 신앙을 전수하라

사명(mission)은 개인이나 조직의 존재 이유이자 그들에게 주어진 임무 혹은 명령입니다.[42] 성경을 통하여 발견되는 다음 세대를 향한 신앙 전수의 명령은 부모 세대가 하나님으로부터 받은 필수

사명입니다. 성경은 다음 세대를 향한 신앙 전수의 책임이 부모에게 있음을 일관되게 말하고 있습니다.

믿음의 조상 아브라함이 받은 '다음 세대가 여호와의 의와 공도를 지켜 행하게 하라'(창 18:19)는 명령으로부터 시작하여, 출애굽한 부모 세대를 향한 십계명(출 20:1-17)과 쉐마(신 6:4-9)의 명령, 가나안 땅에 입성한 부모 세대를 향한 일상에서의 신앙 전수(수 4:21-24)의 명령, 예레미야를 통한 하나님의 자녀 세대 회복 계획(렘 32:39), '다음 세대가 하나님을 말하게 하라'(욜 1:3)는 말씀과 '아버지의 마음을 전하라'(말 4:6)는 명령, 사도 바울을 통한 부모 세대의 자녀 양육과 전도(딤후 1:5, 엡 6:4)의 명령 등이 그것입니다.

이러한 관점에서 교회의 핵심사명 중에는 마땅히 다음 세대를 향한 신앙 전수의 사명이 포함되어야 합니다. 뿐만 아니라 가정의 사명문에도 자녀 세대를 향한 신앙 전수의 사명이 반드시 포함되어야 합니다.

2. 비전 선포하기: 다음 세대를 제자 삼으라

비전(vision)은 목적을 이루기 위하여 개인이나 조직이 앞으로 이루어 나가야 할 이상적인 모습입니다.[43] 성경은 다음 세대에게 신앙을 전수하는 사명을 이 땅에서 이루어 가기 위해 부모 세대가 가져야 할 비전으로 '복음으로 다음 세대를 제자 삼으라'고 말하고 있습니다. 여기서 다음 세대를 제자 삼는다는 것은 다음 세대가 부모 세대로부터 받은 신앙의 유산을 자신의 특권이자 소명으로 인식하고 살아가도록 돕는다는 것입니다.

'복음으로 다음 세대를 제자 삼는 것'은 개인적, 가정적, 교회적, 세상적 영역에서 좀 더 구체화된 세부 비전이 요청됩니다. 예를 들면, (1) 각 개인이 매일의 삶 속에서 하나님의 말씀을 따라 살아가는 제자가 되게 하며, (2) 가정이 다음 세대가 신앙을 전수받는 강력한 신앙 전수의 현장이 되게 하고, (3) 교회가 모든 세대가 하나님 나라의 이야기를 함께 듣고 실천하는 사명 공동체가 되게 하며, (4) 모든 회중이 각자 자신에게 맡겨진 사명을 따라 가정과 일터, 지역 사회와 열방이 하나님 나라로 변화되도록 한다 등 구체적인 세부 비전이 세워져야 합니다.

현재 우리 교회의 비전선언문에는 다음 세대 신앙 전수라는 사명을 이루기 위한 구체적인 영역별 비전이 제시되어 있는지, 가정에서 자녀에 대한 신앙 전수의 사명을 구현하기 위한 비전이 공유되고 있는지 살펴봐야 합니다.

3. 전략 세우기: 가정과 교회가 연계하여 강력한 신앙 생태계를 세우라

전략(strategy)은 최종 목표를 이루기 위해 개인이나 공동체가 분별하고 실천하는 효과적인 방법[44]입니다. 따라서 교회는 다음 세대를 향한 비전이 우리의 현실이 되기 위하여 목회 현장의 현실을 고려한 구체적이고 효율적인 전략을 분별하고 세워야 합니다.

현재 한국 교회 다음 세대 신앙 전수의 현장은 앞에서 살펴보았듯이 한마디로 신앙 생태계가 무너진 상황입니다. 부모 세대와 다음 세대, 교회학교와 가정신앙학교, 신앙생활과 일상생활, 예수님의 제자직과 세상에서의 시민직은 하나님이 부르신 사명 안에서 긴밀히 연결되어 함께 성장해야 할 과제인데 현재는 분리되어 있다는 인상을 지울 수 없습니다.

• 한국 교회 다음 세대 신앙 전수의 현장 리포트 •

1. 삶의 문제에서 신앙적이지 못한 부모 세대

2. 부모로서 회심하지 못한 부모 세대

3. 본 것만큼 혹은 본 적 없는 가정사역

4. 멈추어 버린 신앙학교

5. 섬이 되어 버린 다음 세대 사역

6. 분리된 세 의자

7. 1% 출산율도 무너진 한국 사회

8. 미디어의 제자가 된 아이들

9. 교회와 가정, 기독 청년 세대의 걸림돌이자 디딤돌

신앙 생태계가 무너진 한국 교회에서 세대 간 신앙 전수라는 사명과 다음 세대를 제자 삼는 비전을 이루려면 세 가지 차원의 전략을 펼쳐야 합니다.

첫째, 온 회중이 다음 세대 신앙 전수에 관하여 교회가 받은 사

명과 비전을 공유하기 위해 정기적으로 다양한 목양적 자리가 연합하며 공유하는 것입니다. 교회 안에는 연령별, 사역별로 다양한 부서가 있는데, 이들 부서들이 같은 목회 철학을 공유하고 세부적인 사명과 비전을 세운다면, 교회는 강력한 사명 공동체가 될 수 있습니다.

둘째, 부모 세대와 자녀 세대가 가정과 교회에서 하나님 말씀을 같이 듣고 실천하고 성장할 수 있는 양육 구조로 재편성하는 것입니다. 예를 들면, '지역 기반'으로 나눈 교구를 '자녀 연령별 기반'으로 재구성하는 것입니다. 그러면 부모가 자녀의 신앙교사로서 책임과 사명이 자신에게 있음을 상기하고 실천하는 구조가 될 수 있습니다.

셋째, 강의 중심의 신앙 훈련을 워크숍 중심의 역량 교육으로 전환해야 합니다. 기존의 훈련이 이론과 지식을 쌓는 훈련이었다면, 이제는 실생활에서 사명을 감당하는 역량을 키우는 데 집중하는 훈련으로 전환되어야 합니다. 이를 위해 먼저 다음 세대 신앙 전수를 위한 이론과 실천, 지식과 기술은 물론 교사와 학생, 부모와 자녀 간에 매우 실제적이고 실천적인 대화와 대안이 다루어져야 할 것입니다.

넷째, 교회와 가정의 구성원 모두가 다음 세대에 신앙을 전수하는 사명 공동체가 되기 위한 훈련에 참여해야 합니다. 예를 들어, 새신자반에서는 "우리 교회의 교인이 된다는 것은 가정에서 가정 예배를 정기적으로 드리며, 자녀에게 성경과 기도를 가르치는 부

자녀 마음에 하나님을 새기라

모가 되는 것입니다"라는 사명을 분명히 하는 동시에 워크숍 중심의 역량 교육을 동반하는 것입니다. 뿐만 아니라 주중 구역 모임과 제직 교육, 항존직 교육 등 모든 모임에 이 사명이 공유되고 실천되도록 한다면, 교회는 사명 공동체로 변화될 것입니다.

4. 커리큘럼 세우기: 가정과 교회에서 의도적인 신앙 훈련의 여정을 제공하라

위의 사명 중심적 목회 전략을 교회의 전체 양육 과정에 적용하여 온 회중이 영적 여정 지도를 체계적으로 세우는 단계가 '커리큘럼 세우기' 단계입니다. 커리큘럼이란 개인 혹은 기관이 목적을 달성하기 위해 경험해야 할 내용과 활동을 체계적이고 포괄적으로 계획을 세우는 것을 말합니다.[45]

사명과 비전을 통하여 전략을 분별한 신앙 공동체는 이제 사명 지향적인 커리큘럼을 세워 보다 효율적이고 일관된 교육목회의 여정을 구체화해야 합니다. 즉 허락된 시간 안에서 개인과 가정, 교회가 어떠한 목회적 경험을 해야 세대 간 신앙 전수라는 사명을 보다 효율적으로 실천할 수 있을지를 연 단위, 분기 단위, 월 단위, 주간 단위로 커리큘럼을 제시하는 것입니다.

이를 위해 복음의 핵심 교리와 성경을 커리큘럼화하는 것도 중요하지만, 다음 세대가 매일 마주하는 다양한 삶의 이슈들인 학업, 진학, 진로, 일터, 세속 문화, 인간관계, 가정생활, 급변하는 세상, 신앙적 질문 등을 연령과 신앙 수준과 삶의 경험치를 고려해서 커리큘럼화하는 것이 필요합니다. 이는 회중이 자신의 삶에서 만나는 다양한 이슈들을 건강하고 합당한 성서적, 신학적, 목회적 기준으로 바르게 분별하도록 돕기 위함입니다.

이와 함께 교회는 교회학교 교사와 가정의 부모들에게 신앙 전수 역량을 키우는 훈련을 지속적으로 제공해야 합니다. 이는 애초에 목표한 가정과 교회가 연계하여 신앙을 전수하는 강력한 신앙 생태계를 만들기 위함입니다.

5. 프로그램 실행하기: 하나님 나라 이야기를 내 삶에서 경험케 하라

사명 지향적이고 의도적이며 통합적인 교육목회 커리큘럼으로 세워진 프로그램에 참여함으로써 회중은 매주 혹은 매일 신앙을 훈련하고 경험하게 됩니다. 이 프로그램에는 주일예배와 성경공부와 같은 정기적 프로그램과 다양한 영적 훈련과 수련회 같은 비정기적 프로그램이 있습니다. 또한 교회에서 경험하는 교회 안의 프로그램도 있고, 가정과 일터와 세상에서 경험하는 교회 밖의 프로그램도 있습니다. 이 모든 프로그램은 하나님으로부터 사명과 비전을 받은 온 회중이 그 목적을 달성하는 매우 구체적인 실천이 되어야 할 것입니다.

이를 위한 좋은 프로그램은 첫째, 회중으로 하여금 세대 간 신앙 전수와 복음적 제자화를 위한 합당한 경험을 하도록 돕는 것이어야 합니다. 둘째, 이 경험은 지식 전수나 지적인 동의를 넘어서는 하나님 나라 제자로서 삶이 변화되는 것으로 이어져야 합니다. 셋째, 이러한 변화를 통하여 부모 세대와 다음 세대에게서 하나님의 은혜에 대한 감사와 소망이 나타나야 합니다.

6. 평가하기: 제자의 삶에 얼마나 가까워졌는가?

교육목회 매핑의 여정 중에서 평가의 영역은 마지막이자 시작점입니다. 평가는 지난 목회 활동을 통해 온 회중이 얼마나 교회의 사명과 비전에 가까워졌는가에 대해 의견을 듣는 과정이기에 그렇습니다. 종종 목회 평가라 하면 회중의 인원과 예산이 얼마나 늘었는가를 기준 삼는데, 적어도 목회가 하나님이 부르신 사명과 이를 위한 비전과 전략과 핵심가치를 가지고 의도적이고 체계적으로 걸어온 목양의 걸음이었다면, 그 평가의 기준은 회중이 교회의 사명과 비전에 얼마나 가까워졌는가가 되어야 합니다.

목회 평가는 회중의 다양한 의견을 들을 수 있도록 평가 위원을 선정하고 평가 과정을 결정하며 평가 내용과 평가 방법을 선정하고 기타 다양한 의견을 수렴하는 것이 필요합니다. 더불어 평가를 통해 발견된 보완점과 지속적으로 강화해야 할 점이 차기 커리큘럼과 프로그램에 반영되어야 합니다.

이번 기회에 우리 교회의 평가 기준이 무엇인지 살펴보는 것이 필요합니다. 과연 사명과 비전 중심의 평가인지, 예산과 숫자 중심의 평가인지 말입니다.

지금은 새롭게
꿈을 꿀 때

사도행전 2장은 이 땅 위에 처음으로 세워진 교회에 무엇이 있었는지를 증언하고 있습니다. 교회 건물도, 교회 조직도, 심지어 교회 이름도 없는 상태에서 하나님은 교회가 교회되게 하는 본질을 경험하게 하셨는데, 그것은 바로 성령님의 임재와 그로 인해 그들이 새로운 꿈을 꾸기 시작했다는 것입니다.

> 하나님이 말씀하시기를 말세에 내가 내 영을 모든 육체에 부어 주리니 너희의 자녀들은 예언할 것이요 너희의 젊은이들은 환상을 보고 너희의 늙은이들은 꿈을 꾸리라 행 2:17

그들을 둘러싼 정치도, 경제도, 문화도, 교육도 아무것도 변한 것이 없지만, 그 모든 상황을 능히 변화시키실 하나님을 바라보니 새로운 꿈을 꾸기 시작한 것입니다. 이 꿈을 함께 고백하고, 나누며, 자신에게 주어진 사명을 분별하여 응답하기 시작한 자들을 통하여 초대교회가 세워졌습니다. 그리고 그 꿈은 온 유대와 사마리아와 땅끝까지 이르러 복음이 전해지는 사도행전으로 구체화되었습니다.

이제 우리는 스스로 물어야 합니다. 지금 우리 가슴에는 하나님으로 인하여 가슴 뛰는 꿈이 있습니까?

기존의 '세대별 교회학교 위탁형' 신앙교육 패러다임에서 '세대 간 가정-교회 연계형' 신앙교육 패러다임으로 변화되기 시작할 때, 우리는 다음과 같은 새로운 꿈을 꿀 수 있습니다.

다음 세대 신앙 전수의 사건이 교회학교에서 부모 세대의 책임으로, 신앙 전수의 장소가 교회학교 부서실에서 교회와 가정의 삶의 현장으로, 신앙 전수의 시간이 주일 1시간에서 전일 신앙의 삶으로, 신앙 부모의 주된 사명이 자녀를 교회학교에 보내는 부모에서 말씀 전달자와 제자 양육자로, 분리된 성인 교구와 다음 세대목회를 긴밀한 동역으로, 신앙양육이 일회용 이벤트에서 꾸준하고 일관된 커리큘럼으로, 30~40대 젊은 부모들의 소극적 교회 참여가 적극적인 훈련과 성장으로, 다음 세대 신앙 성장이 교회학교 규모만큼이 아니라 헌신된 부모 세대만큼으로, 진학과 진로가 신앙적 걸림돌에서 영적 디딤돌로, 일상과 일터가 신앙생활의 사각지대에서 소명과 신앙 성장의 자리로 변화되는 것이 우리가 꾸는 꿈입니다.

'세대 간 가정-교회 연계형' 신앙교육으로

교회학교 위탁에서	▷ 부모 세대 책임으로
교회학교 부서실에서	▷ 교회와 가정의 삶의 현장으로
주일 1시간에서	▷ 전일 신앙교육으로
보내는 부모에서	▷ 말씀 전달자, 제자 양육자로
과제를 주는 교회에서	▷ 역량을 길러 주는 교회로
성인 교구와 다음 세대 목회의 분리에서	▷ 긴밀한 동역으로
가정 관련 이벤트식 신앙양육에서	▷ 일관된 커리큘럼식 사건으로
30~40대 젊은 부모들의 소극적 참여에서	▷ 적극적인 훈련과 성장으로
다음 세대 신앙 성장이 교회학교 규모만큼에서	▷ 헌신된 부모 세대만큼으로
진학과 진로가 신앙적 걸림돌에서	▷ 영적 디딤돌로
일상과 일터가 신앙생활의 사각지대에서	▷ 소명과 신앙 성장의 자리로

4장

실천 현장 매뉴얼:

신앙 전수,

부모가

주전 선수다

"교회사를 통하여 볼 때,
기독교 가정의 가장 강력한 특징 중의 하나는 가정예배였으나,
지난 한 세기 동안 이 위대한 신앙 전통이 사라지고 있다."[46]
제이슨 헬로폴로스

신앙,
신념과 결단과 삶이 연결될 때 일어나는 사건

성경은 우리의 믿음이 들음에서 시작된다(롬 10:17)고 말합니다. 그렇기에 신앙을 전수하는 현장에서는 반드시 하나님의 말씀과 그 말씀으로 인한 신앙고백과 교리가 온전히 전달되어야 합니다. 하지만 성경은 동시에 그렇게 들려진 말씀과 지식이 우리 안에 믿음을 자동으로 보장해 주는 것이 아니며, 그 진리의 말씀에 대하여 우리의 인격적인 동의와 결단이 필요함을 증언하고 있습니다.

하나님은 인격의 하나님이시므로 그분의 말씀은 마땅히 우리의 심령 안에서 지식적인 동의만이 아니라 감정적인 참여와 의지적인 결단을 통하여 우리의 전인격이 응답하기를 요청합니다. 더 나아가 하나님의 말씀은 우리가 이렇듯 진리의 말씀을 듣고, 인격적으로 동의하고 결단하면서 이전과 다른 변화된 삶을 살아갈 때, 비로

　　　　　　　　　　　　자녀 마음에 하나님을 새기라

소 믿음은 행함으로 온전하게 자란다(약 2:22)고 선언합니다. 하나님의 은혜를 받은 자는 행위를 하지 않아도 되는 것이 아니라, 도리어 받은 은혜로 인해 순종의 삶을 살아갈 수밖에 없습니다. 그래서 믿음은 자랑할 것이 아니라 감사할 것이며, 은혜는 우리로 하여금 주어진 삶을 열정적으로 살도록 인도합니다.

이러한 관점에서, 주일학교에서 우리 자녀들이 선한 사마리아인의 이웃 사랑에 관한 말씀을 들은 뒤 그렇게 살기로 결단하는 것만으로는 믿음이 온전히 자랐다고 말할 수 없습니다. 아직 들은 말씀이 행함으로 드러나지 않았기 때문입니다. 따라서 온전한 신앙 전수를 위해서는 우리 자녀들이 들은 말씀에 동의하고 성경적 기준과 가치로 살기로 결단하며, 더 나아가 자신의 구체적인 삶의 현장인 학교와 가정에서 변화된 삶을 살아가는지를 확인하고 격려하고 지원하는 과정이 요구됩니다.

하나님의 말씀을 듣고 결단하는 주일예배와 성경공부만으로는 신앙의 전수를 완수할 수 없습니다. 신앙 전수는 주중에 삶의 현장에서 들은 말씀이 실천되는 것까지인 것입니다. 따라서 다음 세대 신앙 전수 사역에는 필연적으로 예배와 교육, 교회와 가정, 주일 교육과 주중 양육, 교회학교 교사와 가정의 신앙교사, 신앙과 생활의 연결과 통합을 위한 구체적인 전략과 실천이 요구됩니다.

이 장에서는 한국 교회 다음 세대 양육 현장에 적용할 수 있는 교육목회의 효과적이고 강력한 신앙 전수의 실천들을 소개해 보고자 합니다.

우리 자녀들 중에 주일에 들은 말씀을 주중에도 기억하며 묵상하고 실천하는 자녀가 얼마나 있을까요? 더구나 아직 장기 기억이 본격적으로 발달하지 않은 미취학 아동이라면 아무리 주일날 예배와 성경공부를 통하여 말씀을 듣고 기뻐하며 결단했어도 주중까지 말씀을 기억하고 이어가기는 어렵습니다. 하나님은 우리의 연약함을 아시기에 부모들에게 가정에서 의도적이고 지속적으로 자녀와 함께 말씀을 나눌 것을 명령하셨습니다. 과연 어떻게 해야 주일예배의 말씀과 주중의 삶을 연결(Re-connect)할 수 있을까요?

우리 가정은 주일 오후에 교회에서 돌아오면 거실에 모여서 오늘 교회에서 각자 들은 하나님의 말씀을 기억하며, 한 사람씩 돌아가면서 말씀 구절과 설교 메시지, 본인의 생각이나 결단을 나눕니다. 그런 다음, 종이에 오늘 들은 말씀을 직접 손으로 적고 그 적은 말씀을 자녀들의 식탁 앞에 게시합니다. 그리고 주일 저녁식사부터 일주일 동안 내내 각자가 적은 주일 말씀을 온 가족이 함께 읽고 기도 후에 식사를 합니다. 이렇게 매일 반복하다 보면 목요일이나 금요일 즈음이면 말씀이 자연스럽게 암기됩니다. 뿐만 아니라 말씀의 내용이 식탁의 주제가 되어 각자의 삶에 적용한 부분이나 다양한 고민을 나누게 됩니다. 가족 간의 대화가 풍성해지는 것입니다.

이렇게 매일 가족이 함께 드리는 가정예배는 온 가족이 하나님 앞에서 같은 말씀을 듣고, 함께 묵상하고, 함께 기도하며, 함께 하나님의 언약과 위로와 소망을 경험하는 강력한 신앙 성장의 현장입니다.

한국 교회 선교 초기 문헌들은 가정예배가 한국 교회의 중요한 세대 간 신앙 전수의 현장이 되었음을 말해 주고 있습니다. 1918년 조선야소교서회에서 발간한 성경잡지 제1권 1호 첫번째 페이지에는 다음과 같은 선언이 기록되어져 있습니다.

"家庭禮拜(가정예배)는 道德根本(도덕근본) 상의 작용이요, 그리스도교의 一種特色(일종특색)으로 修身齊家(수신제가)의 요소로다.[47]"

가정예배는 그 내용과 형식을 가정의 상황에 따라 얼마든지 변형해서 진행할 수 있습니다. 자녀가 미취학 아동인 경우, 매일 저녁 잠들기 전에 부모가 주일예배에서 배운 말씀을 다시금 읽어 주고 기도해 주거나, 다양한 오감놀이를 통해 성경 말씀을 몸에 익히도록 할 수 있습니다. 교회학교는 주일 말씀으로 만든 짧은 기도문을 적은 가정 신앙수첩을 간단한 안내와 함께 부모님들께 보내 주거나 그림, 악기, 역할놀이, 교구놀이, 생각 나누기 등과 같은 활동을 소개해 주어 부모님들이 가정에서 활용하도록 도울 수 있습니다.

최근 감사하게도 교회학교 주일성경공부와 연계된 가정에서의 말씀 묵상 자료와 나눔 자료들이 다양한 기관들을 통하여 제공되고 있습니다. 히즈쇼(Hisshow.co.kr)에서는 홈 스쿨(Home School)과 히즈쇼TV(HisshowTV)와 같은 디지털 미디어 자료를 제공하고 있고,

대한예수교장로회에서는 성경공부와 연계한 가정예배 자료를 제공합니다. 또한 가정-교회 연계 통합교육을 지원하는 싱크와이즈(Syncwise.org)의 페이스 톡과 스몰 톡과 같은 가정활동자료, 부모 세대와 자녀 세대가 같은 말씀으로 묵상하는 원 포인트 묵상 큐티 자료 등은 주일에 들은 하나님의 말씀이 주중에 가정으로 이어져 부모와 자녀가 함께 말씀을 나눌 수 있도록 돕고 있습니다.

아동기 자녀의 경우, 자녀가 가치관을 세울 때 성경 말씀이 기준이 되도록 안내해 줄 필요가 있습니다. 사춘기의 경우, 성경의 메가 스토리 안에 담긴 메시지를 그들 삶의 구체적인 이슈들과 연결할 수 있도록 대화로 격려하고 인도해 주면 좋습니다. 교회학교는 소년기와 청소년기의 자녀들이 겪게 되는 신앙적, 연령 발달적, 사회문화적 고민(창조와 진화, 성적과 진로, 친구 관계, 돈과 직업, 게임과 미디어, 이성 문제 등)과 관련해 성경적이고 신학적인 자료를 부모에게 제공해 줄 필요가 있습니다.

자녀가 청년기에 들어서 학교, 군대, 유학 등으로 같은 집에 살지 않는 경우에도 가정예배는 여전히 신앙 전수의 현장이 될 수 있습니다. 예를 들어, 자녀가 직장이나 유학으로 인하여 다른 지역에 살고 있는 경우, 부모는 가정예배 시간 전에 자녀와 연락하여 가족의 중보기도 제목을 나눌 수도 있으며, 나아가 가정예배에서 나눌 말씀을 미리 공유할 수도 있습니다. 타지에 있는 자녀에게 부모의 영적인 지원과 격려는 신앙 형성의 강력한 디딤돌이 될 수 있습니다. 가정예배에서 자녀의 부재는 물리적으로는 존재할지 모르나

　　　　　　　　　자녀 마음에 하나님을 새기라

영적으로는 더 이상 문제가 되지 않습니다.

Re-construct:
교구를 자녀 연령별 교구로 개혁하라

많은 교회에서 교구목회는 부모 세대의 신앙을 훈련하는 장입니다. 하지만 이제 자녀의 연령별 교구로 개혁해서 가정-연계 신앙 전수를 위한 교육목회로 나아가야 합니다. 다시 말해 지역 중심의 교구를 자녀 연령 중심의 교구로 '구조를 전환'(Re-construct)하는 것입니다.[48] 물론, 교회의 상황에 따라서 모든 지역의 교구를 자녀의 연령에 따라서 개편할 수도 있고, 교구에 속한 성인 회중이 결혼 직후 자녀가 미취학기인 경우까지만 연령별 교구로 개편할 수 있습니다. 한편, 성인 회중들로 하여금 지역별 교구와 자녀 연령별 교구를 가정의 상황에 맞게 선택하도록 할 수도 있습니다.

제가 교육총괄 목사로 섬겼던 충신교회는 결혼 이후 아동기 이전의 자녀를 둔 젊은 부부를 기존의 지역 교구에서 분리하여 이른바 자녀 연령별 교구로 개편했습니다. 물론 지역 교구에 해당하는 성인 회중들도 교회 안의 전 세대적이고 연령 연계적인 양육 커리큘럼을 통해 다음 세대 신앙 전수를 위한 사명과 훈련을 받고 있습니다. 특히 자녀 연령별 교구에 해당하는 교구목회자는 교육총괄 목사와 자녀 세대를 담당하는 교역자들과 더욱 긴밀하게 동역하며 교구별 예배, 성경공부와 교제, 심방과 상담, 교구 리더 훈련 등을 통하여 부모 세대를 가정의 신앙교사로 세우고, 믿음의 다음 세대를 양육하는 일에 적극 앞장서고 있습니다.

한편, 제가 협동목사로 섬기는 반포교회는 교회 전체가 다음 세대 신앙 전수의 사명을 교회의 핵심사명과 비전으로 삼고 있습니다. 이를 위해 2018년 1월부터 지역 교구를 자녀 연령별 교구로 개편하여 교구목회를 하고 있으며, 2019년 1월부터는 어린이로부터 부모 세대까지 전체 회중이 함께 참여하도록 교회 전체 양육 커리큘럼을 일원화했습니다. 이에 따라 주중 교구 모임에서 성경을 통해 다음 세대를 책임지는 부모의 정체성과 사명을 발견하고 자녀의 인생 주기에 따라 어떤 과제와 실천이 요구되는지를 배우고 있습니다.

이로 인해 눈에 띄게 달라진 점은, 30~40대 성인 부부들의 교구 참여율이 높아졌다는 것입니다. 또한 교회학교에 교구를 포함한 전 교회적 관심과 지원이 강화되었습니다. 한편, 교회에서 제공하는 가정예배학교나 교회학교에서 제공하는 가정 말씀 묵상과 활동에 참여한 부모들로부터 자신이 먼저 말씀으로 은혜를 공급받았고 그로 인해 가정에서 자녀와 신앙적 대화가 풍성해졌다는 간증을 듣고 있습니다.

또한 교구목회자들은 자녀들의 인생 주기에 따른 신앙교육에 대한 보다 구체적인 자료와 양육지침을 제공해 달라는 요청을 꾸준히 받고 있으며, 해당 다음 세대 부서의 가정심방, 주일 부모초

자녀 마음에 하나님을 새기라

청예배, 절기별 수련회 등의 현장에서 교구목회자와 다음 세대 목회자 간의 동역이 더욱 긴밀해지고 있습니다. 뿐만 아니라 부모 세대와 자녀 세대의 주일성수 비율이 동반 상승했고, 교구와 교회학교가 함께 주관하는 매월 토요새벽기도회에 가족 모두가 참여하는 가정이 눈에 띄게 많아졌습니다.

Re-call:
부모의 자리를 회복하라

신앙캠프와 수련회는 말씀과 성경공부, 공동체와 나눔, 결단 등이 체계적으로 이뤄지는 곳입니다. 자녀가 하나님을 깊이 만나고 변화될 수 있는 강력한 신앙의 자리입니다. 2박 3일의 신앙캠프나 수련회가 깊은 신앙적 경험과 변화로 나아가기에는 부족한 시간처럼 보일지 모르나, 일주일에 한 시간 신앙 훈련받는 것과 비교하면, 2박 3일은 28주일, 즉 7개월을 압축해서 훈련받을 수 있는 귀한 시간입니다. 더구나 입시 경쟁 사회에서 학업에 대한 부담을 물리치고 공동체 안에서 신앙 훈련을 받기로 결단한 시간이므로 더더욱 육적인 것과 구별되는 영적인 시간이 될 수 있습니다. 실제로 많은 다음 세대들이 자신의 신앙에서 신앙캠프나 수련회를 중요한 사건으로 기억하고 있습니다.

설거지를 바로 하지 않고 묵혀 두었다가 그릇에 붙은 밥풀이 돌덩이처럼 굳어져 아무리 힘을 주어도 닦이지 않던 경험이 있을 것입니다. 이때 우리가 할 일은 굳어진 밥풀과 싸울 게 아니라 뜨거운 물에 담가 놓는 것입니다. 그렇게 10분만 지나도 밥풀이 풀어져 쉽게 닦입니다. 이처럼 우리 자녀들의 심령이 돌덩이처럼 굳어졌다면, 뜨거운 물과는 비교도 할 수 없을 만큼 뜨거운 예수님의 은혜 아래 푹 잠기는 시간이 필요합니다.

바로 수련회가 그런 시간입니다. 성령님이 자녀의 마음에 깃들인 어둠과 상처라는 돌덩이를 몰아내시고 말랑말랑한 심령으로 새롭게 빚으시는 시간입니다. 따라서 수련회 3일 동안 우리 아이들의 심령이 하나님의 말씀과 인도하심을 따라 놀랍게 변화되는 것은 기적이 아니라 상식입니다.

예를 들어, 신앙캠프와 수련회가 우리 자녀들에게 영적으로 중요한 사건이자 변화의 현장이라면, 마땅히 믿음의 가정과 부모는 교회학교와 더 긴밀한 동역을 해야 할 것입니다. 그래서 저는 자녀들의 신앙 여정에서 중요한 이정표가 될지도 모르는 신앙캠프와 수련회에 그들의 부모를 영적인 동역자로 '다시 소환'(Re-call)하는 것이 마땅하다고 생각합니다. 그러나 안타깝게도 현실은 부모를 교회학교의 적극적인 동역자로 초청하지 않습니다.

예를 들어, 교회학교 여름 캠프의 주제가 '기쁨'으로 정해졌다고 합시다. 그러면 각 반 담임선생이 부모들에게 전화해서 캠프의 주제와 관련된 아이의 기도 제목을 묻는 것입니다.

"어머님, 이번 여름 캠프의 주제가 기쁨으로 정해졌는데요, 혹

자녀 마음에 하나님을 새기라

시 해건이가 일상에서 기쁨을 누리지 못하는 걸림돌이 있을까요?"

바로 이런 대화를 통해 교사는 자기가 맡고 있는 아이에 대해 더 깊은 속내를 들을 수 있습니다.

"선생님, 사실 해건이가 어려서부터 천식이 있어요. 야외활동을 할 때면 아이가 기뻐하지 않아요. 이번 캠프를 통해서 하나님이 강건하게 치유해 주시기를 기도해 주세요."

"선생님, 우리 아이가 학교에서 요즘 왕따를 당해서 친구들 사이에서 기쁨을 누리지 못해요."

"선생님, 요즘 저와 남편의 사이가 안 좋아서 우리 아이의 얼굴에서 웃음이 사라졌어요. 우리 가정을 위해서 기도해 주세요."

이렇듯 아이에게 필요한 실제적인 기도 제목을 알고 나면, 캠프를 위한 릴레이 기도표를 작성할 때, 적어도 절반 이상은 부모들에게 자리를 내어줄 수 있습니다.

또한 캠프 전에 캠프의 주제와 요일별 시간표, 프로그램을 부모들과 공유하게 되면 부모는 성경교사, 보조교사, 준비교사, 후원교사 등 다양한 섬김의 자리에 참여할 수 있습니다.

캠프를 일주일 정도 앞두고는 교회학교 전 부서가 연합으로 혹은 부서별로 캠프를 위한 교사-부모 기도회를 여는 한편, 헌신서를 작성하고 자녀 캠프에 보내기, 캠프를 위해 중보기도하기, 캠프의 주제를 가지고 자녀와 대화 나누기, 보조교사 참여하기, 지원물품 헌신하기 등을 작정하도록 합니다. 그리고 캠프를 앞둔 주일에 교역자와 부모, 교사와 자원봉사팀이 시간을 정해 모여서 다음 세대 캠프를 위한 중보기도 시간을 가질 수 있습니다.

캠프 기간 중에는 미리 부모들로부터 신청을 받아서 저녁 집회 시간에 자녀의 어깨에 손을 얹고 간절히 기도하도록 할 수 있으며, 집회에 참여하지 못하는 부모들에게는 집회 시간에 맞춰 따로 모여 캠프를 위한 중보기도 시간을 갖도록 할 수 있습니다.

반포교회의 경우, 지난 아동부 캠프에서 부모들이 자발적으로 아빠 찬양팀을 결성했습니다. 캠프가 열리기 한 달 전부터 찬양과 율동을 배우는 한편, 캠프를 통해 아이들이 하나님을 깊이 만나고 신앙적으로 성장하기를 기도했습니다. 아빠 찬양팀은 예배 때마다 찬양과 기도를 인도했습니다. 캠프에 참여한 다른 부모들은 아이들과 함께 말씀과 활동에 참여했습니다. 캠프를 마치고 돌아온 교사와 부모들은 이때 경험한 하나님의 은혜와 감격을 교회 공동체에 간증으로 전하였습니다.

Re-member:
비전트립을 부모와 함께 가라

기독 청소년이나 기독 청년들 중에 의외로 부모님과 함께한 신앙적 추억이 없는 자녀들이 많습니다. 자녀들은 매일, 매주, 매년 자신이 속한 학교와 학원에서 친구들은 물론 선생님들과 의미 있는 교류를 하며 가치관과 세계관을 형성해 갑니다. 그런데 가정에

자녀 마음에 하나님을 새기라

서는 부모와 의미 있는 경험을 교류하지 못하는 것 같습니다. 특히 부모와 자녀가 신앙적으로 의미 있는 만남을 갖지 못하고 있습니다. 물론 가정-교회 연계 신앙 전수를 성실하게 수행하는 가정이라면 자녀의 인생 주기를 따라 신앙적 사건과 추억을 충실히 쌓아 가고 있을 테지만요.

만일 지금까지 자녀와 신앙적으로 의미 있는 경험을 교류하지 못했다면, 자녀와 함께 비전트립이나 교회봉사활동에 참여하는 건 어떨까요? 분명 부모와 함께 경험하는 비전트립이나 봉사의 자리는 믿음의 자녀들에게 매우 의미 있고 강력한 신앙 전수의 현장이 됨은 물론이요, 온 가족이 하나님 나라의 백성으로 부름 받았음을 다시금 확인하는 '사명자 갱신'(Re-member)의 시간이 될 것입니다.

예를 들어, 이전에는 부모 세대만 참여하던 단기선교사역을 가족 참여 단기선교로 전환하여 다양한 선교훈련들(전도훈련, 기도훈련, 묵상훈련, 현지 언어훈련, 성경학교 준비, 기독교 문화 공연 준비 등)을 함께 준비하고 섬긴다면, 이 경험은 온 가족이 평생을 두고 추억하는 신앙적 사건이 될 것입니다.

믿음의 자녀는 땀 흘리며 세상을 섬기는 부모의 모습에서 앞으로 자신이 따라야 할 영적인 모델을 발견하고, 믿음의 부모는 손과 발로 섬기는 자녀의 모습을 보고 자녀의 삶을 통해 이뤄 갈 하나님 나라를 꿈꿀 수 있게 됩니다.

이 경험을 추억할 때 부모 세대와 자녀 세대는 자연스럽게 신앙적인 나눔을 갖게 되며, 더불어 자녀의 비전과 가치관, 세계관과 관련해 풍성한 대화를 나눌 수 있습니다. 이 같은 과정에서 믿음의 가정은 삶으로 경험한 신앙 공동체이자 사명 공동체로 나아가게 됩니다.

나라의 중요한 국경일과 절기를 가정예배로 기념하라

한 아이를 기르기 위해선 한 마을이 필요하다는 말이 있습니다. 아이는 자라면서 첫 번째 교사인 부모는 말할 것도 없고, 학교와 친구들을 통해 세상을 살아가기 위한 규율과 가치를 배우게 됩니다. 다양한 사회적 관계를 맺으며 사회화되는 것입니다.

아이가 자신의 정체성을 확립하는 데 가장 중요한 사회 중 하나가 바로 국가입니다. 우리 자녀들이 미래에 우리나라뿐 아니라 세계에서 실력을 갖춘 영성의 지도자가 되려면 국가에 대한 바른 인식과 역사의식을 반드시 갖춰야 합니다. 과연 어떻게 해야 우리 자녀들이 바른 역사의식과 국가관을 갖춘 영성의 지도자로 성장할 수 있을까요?

국가의 중요한 국경일이나 절기 때마다 믿음의 눈으로 하나님이 어떻게 우리나라를 인도해 오셨는지를 자녀와 함께 기억하고 감사한다면, 바로 그 자리가 이 시대와 나라를 위한 위대한 지도자가 세워지는 현장이 될 것입니다.

성경을 통하여 하나님은 이스라엘의 부모 세대에게 그들의 역사를 통해 행하신 하나님의 구원과 섭리를 다음 세대에게 단순히 말로만 전하는 것이 아니라 삶과 절기로 지키라고 명령하셨습니다. 이스라엘 민족의 역사는 하나님의 일하심의 현장임을 구체적으로 가르치라는 것입니다. 부모 세대의 이 같은 가르침은 다음 세대가 신앙인으로서 살아가는 데 기준이 되었고 교훈이 되었습니다.

마찬가지로 믿음의 부모 세대가 우리나라의 중요한 국경일과 절기를 성경적인 관점으로 재해석하고, 각 가정과 자녀를 향한 하나님의 현재적 부르심과 소망을 확인하는 시간으로 삼는 것은 매우 성경적인 것입니다. 이때 우리의 시선이 나와 가정에 머무르지 않고 세상을 향한 하나님의 비전으로 옮겨 간다면, 자녀 세대는 위대한 믿음의 후손으로 성장하게 될 것입니다.

미국 댈러스에 위치한 레이크포인트교회는 바로 이러한 국가기념일과 절기를 '기억의 가정의례'(family ritual of remembrance)로 지키고 있습니다. 부모가 가정에서 자녀에게 국가기념일과 절기를 성경적 관점에서 재해석하여 그 내용과 의미를 '다시 말해'(Re-tell) 주는 시간인 것입니다.

400년 전 믿음을 지키려 영국에서 건너온 청교도인들이 땅을 개척해 얻은 열매로 하나님께 감사예배를 드린 것을 기념하는 추수감사절(Thanksgiving)은 물론이고, 인종차별에 저항한 마틴 루터 킹 목사의 사상과 삶을 기억하는 마틴 루터 킹 데이(Martin Luther King Jr. Day), 미국의 역대 대통령들의 사상과 삶을 기억하는 대통령의 날(Presidents' Day), 나라를 위해 목숨을 바친 애국인을 위한 메모리얼

데이(Memorial Day), 미국의 독립을 기념하는 독립기념일(Independence Day), 노동자들의 권리와 복지를 기억하고 향상시키기 위한 노동절(Labor Day), 세계대전에 참전한 미군들을 기념하는 재향군인의 날(Veterans Day), 그리고 이 땅에 구원자로 오신 예수님의 생일을 기억하고 축하하는 성탄절(Christmas) 등이 '기억의 가정의례'를 지키는 날입니다.[49]

이와 함께 예수님의 죽으심과 부활하심을 기억하고 감사하는 고난주간과 부활절(Holy Week & Easter), 영국과 아일랜드에 복음을 전한 선교사 패트릭을 기념하는 성 패트릭 데이(St. Patrick's Day), 켈트족에서 유래한 것으로 악마를 물리치고 행운을 기원하는, 그러나 가톨릭의 유래로는 모든 성자를 기념하는 핼러윈데이(Halloween) 등도 미국인들이 기억하고 축하하는 날입니다.

갈수록 국경일과 기념일을 기념한다면서 본질과 상관없이 놀이의 방편으로 소비하는 것을 봅니다. 이런 현실에서 믿음의 부모는 성경적 세계관과 복음적 기준으로 국경일과 기념일을 기념하고 축하해야 합니다.

설이나 추석 같은 시간력에는 지난 한 해 동안 가정과 교회에 베풀어 주신 하나님의 은혜와 소망을, 삼일절, 현충일, 6·25전쟁일, 광복절, 국군의 날과 같은 국가 기념일에는 나라와 민족을 향하신 하나님의 역사와 감사를 자녀와 함께 나눌 수 있습니다. 입학식, 개학 전날, 방학 전날, 졸업식과 같은 학사력에는 자녀의 삶에 소명을 주시고 학업을 하게 하시는 하나님의 뜻과 언약에 대한 생각을 나

자녀 마음에 하나님을 새기라

누며 격려하고 소망을 가질 수 있습니다. 또한 국회의원 선거일이나 대통령 선거일에도 하나님이 이 땅의 위정자들을 세우시는 의미를 나누고, 사회와 나라를 위한 기도를 함께 할 수도 있습니다. 이런 모든 여정이 곧 강력한 신앙교육의 현장이 됩니다.

이를 위해 교회학교와 각 부서 교육교역자, 교구목회자가 동역하여 믿음의 가정에서 활용할 수 있는 각 기념일의 유래와 신학적 해석과 자료, 자녀 연령별 질문과 대화들, 해당일에 드릴 수 있는 가정예배 자료를 제공해야 합니다.

Re-turn:
생의 주기 신앙교육에 부모가 참여하라

자녀는 태어나는 순간부터 어른으로 성장하기까지 하나님이 예비하고 인도하신 생의 주기를 따라 살아가게 됩니다. 이때 부모는 가장 가까이에서 자녀와 함께하는 동행자입니다.

실천신학자인 보니 밀러맥리모어(Bonnie J. Miller-McLemore)는 하나님의 백성의 삶에는 모든 인생의 절기마다 하나님이 주신 소명이 있음을 강조합니다. 특히 신앙 부모들은 자신의 다음 세대의 인생 주기마다 부여받은 양육적 소명과 실천을 분별하고 참여해야 한다고 강조합니다.[50] 하나님은 이러한 믿음의 부모들을 통하여 자녀들이 인생 주기를 통해 아직 걸어가 보지 못한 중요한 삶의 걸음을 혼자 걷지 않게 하시고 하나님의 뜻을 분별할 수 있게 도우십니다.

자녀가 자신의 인생 주기(영아기, 유아기, 유치기, 아동기, 소년기, 청소년기, 청년기, 장년 초기, 장년 중기)마다 마주하는 중요한 결정과 성장의 과정에서 부모는 얼마나 분명한 성경적 기준과 기독교적 세계관을 제시하고 있습니까? 자녀의 신앙 성장에서 인생의 주기가 강력한 성장 마디가 되도록 돕고 있습니까?

많은 부모들이 자녀의 성장에 따라 학교와 병원, 진학과 학업, 서적과 예술, 공연과 여행 등은 최선을 다해 성실히 제공합니다. 하지만 하나님이 부탁하신 철을 따라 열매를 맺기 위한 영적인 정원사로서의 섬김과 교육과 양육은 과연 최선을 다해 제공하고 있는지 의문입니다.

부모가 인생 주기의 첫걸음을 떼는 자녀에게 좋은 영적 리더이자 가정의 신앙교사였을지라도, 자녀가 자라면 신앙적 양육을 교회학교에 위탁하는 경우가 많습니다. 그런데 이 시기는 자녀의 인생 주기에서 가치관이 확립되고 비전이 세워지며 인성이 개발되는 매우 중요한 시기입니다. 그런 중요한 때를 교회학교나 외부기관에 위탁하는 것은 매우 무책임한 처사입니다. 이때야말로 자녀가 영적으로 성장하고 그 열매를 맺는 때인 만큼 부모는 가정의 신앙교사이자 하나님의 청지기로서 자녀의 신앙양육에 적극 참여해야 합니다.

자녀의 인생 주기라 함은 이렇습니다. 유아기에는 어린이집에서 세상을 경험하게 됩니다. 유치기에는 보다 복잡해진 사회를 경

자녀 마음에 하나님을 새기라

험하면서 성품과 인성을 개발하게 됩니다. 초등학생 때는 매일 학업의 과제를 부여받을 뿐 아니라 친구와 관계를 맺으며 성장하게 됩니다. 사춘기에는 2차 성징을 경험하는 동시에 자신의 정체성과 비전, 삶의 의미와 목적을 찾아가게 됩니다. 청년기에는 삶의 비전과 직업을 구체적으로 준비하며 전문성과 실력을 개발합니다. 그리고 결혼한 자녀는 자신의 가정을 꾸리면서 이제 자녀의 자리에서 부모의 자리로 그 역할을 확장하게 됩니다.

이렇게 인생 주기를 따라 세상을 살아갈 때 자녀에게 세상을 바르게 해석하고, 믿음으로 살아갈 수 있도록 길을 제시하는 영적 지도자와 공동체가 필요합니다. 그리고 이때가 부모가 자녀의 삶 안으로 '다시 돌아와야'(Re-turn) 할 때입니다.

미국 텍사스 조지타운제일침례교회와 레이크포인트교회에서는 신앙여정학교(Faith Path)[51]라고 하는 양육 프로그램을 진행하고 있습니다. 부모로 하여금 자녀의 인생 주기에 따른 역할을 하도록 그 역량을 길러 주는 프로그램입니다.

신앙여정학교는 결혼한 부부가 자녀를 하나님 앞에서 준비하는 신앙부모결단(Parent Dedication) 여정으로부터 시작하여, 자녀를 출산하여 믿음으로 양육하는 축복(Blessing) 여정, 자녀와 함께 말씀과 기도를 드리는 가정예배(Family Time) 여정, 학령기에 들어가는 자녀를 신앙으로 준비시키는 학교준비(Prepare to Lead Your Child to Christ) 여정, 아동기의 자녀에게 기도와 말씀과 예배와 섬김의 의미와 실천에 대하여 가르치는 기도(Prayer) 여정·성경(Bible) 여정·예배(Worship) 여정·섬김(Giving&Serving) 여정, 청소년기에 들어가는 자녀를 신앙으로 훈련하는 사춘기 입문(Preparing for Adolescence) 여정, 순결에 대하여 성경적 안내와 결단을 나누는 순결(Purity) 여정, 청소년 자녀가 진로와 비전을 믿음 안에서 분별하기 위해서 부모가 코치하고 지원하고 격려하는 인생전환(Rite of Passage) 여정, 성인이 되어 가정을 떠나는 자녀가 믿음 안에서 부모와 함께 학업과 직장과 삶의 결정들을 나누는 새로운 시작(Launch) 여정까지 매우 다양한 과정이 준비되어 있습니다.

각 여정은 성경공부와 같은 지식 전달로 진행되는 것이 아니라 각 여정에 해당하는 부모들에게 가정의 신앙교사로서 감당해야 할 역할과 실천에 대한 안내와 가정에서 활용할 만한 참고자료를 제공함으로써 각 가정이 유연하게 신앙양육을 하도록 돕습니다.

충신교회는 부모 역량 교육을 지속적으로 개발하고 실천해 오고 있습니다. 부모가 자녀를 출산하기 전부터 시작하는 태교학교부터, 영유아기의 부모들과 자녀들을 대상으로 양육하는 충신아기학교, 유치기의 자녀를 둔 부모들을 대상으로 성경적 양육을 제공하는 충신유치원의 성품학교와 훈육학교, 아동기와 중고등부의 자녀와 부모가 함께 매일 가정신앙묵상노트에 참여하는 레인보우프라미스, 유치기부터 고등부까지 교회학교 교사와 부모들이 아이들의 신앙 포트폴리오를 함께 작성하며 양육하는 다음 세대 리더십 학교인 가들리 가든, 매주 목요일에 모여서 말씀과 기도 안에서 다시금 자녀 세대를 믿음으로 양육하기를 배우고 결단하는 자녀축복기도

자녀 마음에 하나님을 새기라

회, 가정의 신앙교사를 전문적으로 양육하는 부모대학인 굿페어런팅, 청소년 부모들을 대상으로 하는 성경적 부모코칭학교, 가정예배를 성경적으로 다시 배우고 실천하여 세워 가도록 훈련하는 가정예배학교, 청년기 자녀들이 자신의 비전과 소명을 따라 영성과 실력을 채워 가는 일터 사역 학교인 라이프워크, 가정 안에서 작은 하나님 나라를 세워 가기 위한 부부성장학교 등이 그것입니다.

영락교회의 사춘기 부모학교, 높은뜻정의교회의 부모학교, 기독교학교교육연구소의 기독학부모교실 등도 부모의 지속적인 영적 성장을 돕는 역량 교육입니다.

앞으로 보다 일관되고 전문적이며 자녀의 인생 주기에 따른 전 생애적 신앙학교가 더 많이 개발되고 실천되어야 합니다. 더불어 교회학교와 가정은 보다 적극적으로 다음 세대의 인생 주기에 합당한 신앙적 고민과 질문 및 기준과 응답을 제공해야 할 것입니다.

예를 들면, 기존에는 믿음의 가정에서 자라나 어렸을 때 유아세례를 받은 자녀들이 입교교육을 받게 될 때 이 교육을 교회에서 전담했습니다. 하지만 부모의 믿음과 결단으로 자녀로 하여금 유아세례를 받게 한 신앙의 부모라면, 자녀의 입교교육을 교회에만 맡길 게 아니라 그 여정에 함께 참여하여 자녀의 현재적 신앙을 확인하고 지금까지 인도하신 하나님의 은혜와 사랑을 부모가 고백하고 나누는 시간을 가져야 합니다. 이보다 더 좋은 신앙양육의 기회도 없을 것이기 때문입니다. 이때 자녀가 속한 교회학교와 부모가 속한 교구가 함께 각 가정에 합당한 입교예식용 가정신앙학교 커리

큘럼을 세우고 실천하여 자녀의 성장 주기가 영적 주기가 될 수 있
도록 도울 수 있습니다.

Re-equip:
교회는 부모 세대에게 역량 교육을 제공하라

많은 믿음의 부모들이 자녀를 향한 사랑도 있으며 최선을 다하
여 그들이 바르게 자라기를 믿음 안에서 양육함에도 불구하고, 그
부모들로부터 받은 신앙교육이 자녀의 삶에 온전히 전달되지 않는
경우를 종종 보게 됩니다. 믿음의 부모들이 가정의 신앙교사로 섬
기기 위해서는 합당한 역량이 요청됩니다. 따라서 교회는 교회학교
와 교구를 통하여 믿음의 부모 세대에게 가정의 신앙교사로서 사명
을 감당할 '역량을 길러(Re-equip) 주는' 교육을 제공해야 합니다.

역량을 길러 주는 교육이라 함은, 가정의 신앙교사로서 사명
을 확인하고 결단을 촉구하는 기독 부모의 정체성 교육은 물론이
고, 부모가 먼저 가정과 세상에서 온전한 사명자로 살아가는 부모
신앙 경건 훈련, 자녀들의 인생 주기에 따라서 요청되는 전문 지식
과 실천을 제공하는 자녀양육 교육, 자녀를 말씀과 기도로 양육하
기 위한 가정예배훈련 등을 말합니다. 여기에 교회와 가정이 연계
해 다음 세대를 양육하는 새로운 목회 구조와 지속적으로 개정되
는 양육 시스템에 대한 부모들의 이해와 실천을 돕는 부모 세미나

자녀 마음에 하나님을 새기라

도 포함됩니다.

부모역량교육은 교회에서 진행되는 다양한 프로그램과 연계해서 실시할 수 있습니다. 가령, 자녀축복기도회 혹은 어머니기도회를 비롯해 아기학교나 유니게학교 같은 주중 부모자녀 신앙학교, 최근 여러 교회에서 진행하는 가정예배학교를 이용해 기독 부모의 정체성 교육과 부모 신앙 경건 훈련, 자녀양육 교육을 커리큘럼화하여 진행할 수 있습니다. 뿐만 아니라 월별 혹은 분기별로 드려지는 온가족 새벽기도나 온세대 예배에서도 기독 부모의 정체성 교육과 자녀양육 교육을 실시할 수 있습니다.

한편, 교회학교를 통해 부모들이 꼭 알아야 하는 신앙적 지식과 자녀들이 당면한 삶의 이슈에 따른 양육을 팝업 형태로 제공할 수 있습니다. 더 나아가 교구에서 정기적으로 실시하는 교구교육에서도 위의 다섯 가지 역량 교육을 할 수 있습니다. 이밖에 새가족 교육, 항존직 교육 등에서도 믿음의 부모 역할을 교육할 수 있습니다.

더불어 교사헌신예배와 같이 교사의 헌신을 결단하는 자리에 부모들을 초청하여 가정에서 신앙교사로서 살아갈 것을 교회의 이름으로 권면하고 구체적인 영적 책임과 과제를 부여하며 파송하는 것도 매우 의미 있는 교육적 사건이 될 것입니다.

미국 애틀란타의 페리미터교회에서는 부모대학(Parent University)을 운영하여 지속적인 부모역량교육을 실시하고 있습니다. 이 양육 과정을 통해 부모들은 자녀의 연령에 합당한 신앙적 주제와 대화에 대한 전문적인 강의와 나눔의 장을 제공받고 있습니다.[52]

미국 댈러스의 레이크포인트교회에서는 자녀 생일, 가족 휴가, 자녀와의 갈등, 중독, 재정, 사춘기, 순결, 비신자 가족 등 다양한 상황에 필요한 신앙 지도 자료와 가이드를 제공하는 가정신앙 리소스센터(Homepoint)와 월별 가정 신앙 지도 리소스(Parent Cue & Godtime Card)를 제공하고 있습니다.[53]

또한 미국 풀러신학교의 청소년 사역연구소(Fuller Youth Institute)는 청소년기와 청년기 자녀들이 교회와 가정에서 마주하게 되는 실제적인 이슈들, 자녀 이해, 성경적 대화법, 청소년 문화, 제자교육 등에 대한 구체적이고 전문적인 미디어 자료들을 홈페이지와 온라인을 통해 제공하고 있습니다.[54]

Re-celebrate:
교회는 전 교인 신앙 프로젝트를 진행하라

교회와 가정이 같은 사명과 비전 아래서 하나님 나라 이야기를 공유할 때 생기는 유익 중의 하나는 교회의 온 회중이 함께 참여하고 '함께 기억하며 함께 축하(Re-celebrate)하는' 전 교인 신앙 프로젝트가 가능해지는 것입니다. 지금도 많은 교회에서 다양한 프로그램과 사역들을 개발하고 실천하고 있지만, 실제로 그 사역에 참여하는 회중은 전체 교인 중에 절반이 채 되지 않습니다. 당연히 그런 프로그램과 사역은 전체 회중에 영향을 주지 못합니다.

자녀 마음에 하나님을 새기라

그렇기에 새로운 프로그램과 사역을 개발하는 것보다 중요한 것은 교회의 사명과 비전이 반영된 핵심 사역들을 가능하면 많은 교인들이 참여하여 함께 기도하고, 훈련받고, 성장하며 한 사명과 비전 아래 부름 받았음을 확인하는 것입니다. 이러한 현장이 많이 제공되는 교회가 교회 자체로 강력한 커리큘럼이 되는 교회로 세워질 것입니다.

미국 테네시주의 브랜우드침례교회는 부모 세대에게 가정에서 실천할 말씀과 목양에 관한 역량을 교육하는 동시에 공예배 및 교회의 주요 사역에 부모 세대와 다음 세대가 함께 참여하는 '신명기 6:7 사역'(Deuteronomy 6:7 Ministry)을 진행하고 있습니다.[55]

미국 애틀랜타 노스포인트커뮤니티교회는 부모들이 주일예배에서 들은 말씀을 자녀의 일상의 삶(아침식사 때, 등하교 때, 저녁식사 때, 잠자리에 들 때)에서 나눌 수 있도록 하는 '패밀리 타임즈'(Family Times)를 실시하고 있습니다. 최근에는 이 사역을 더욱 발전시켜 부모와 자녀가 함께 신학적 질문과 대화를 풍성히 나눌 수 있도록 가족 일일캠프(Jump Start)를 갖고 있으며, 부모들에게 가정 신앙양육 리소스(Family Hope Journal)를 제공하고 있습니다.[56]

미국 LA의 새들백교회는 해마다 '피스(P.E.A.C.E.) 플랜 사역'을 실행합니다. 이는 교회의 사명과 비전을 구체화한 프로젝트로서 교회 개척(Plant Churched), 섬기는 리더 역량 구비(Equip Servant Leaders), 가난한 이들을 도움(Assist the Poor), 병자들을 돌봄(Care for the Sick), 다음 세대를 교육함(Educate the Next Generation) 등을 실천하는 사역입니

다. 이러한 사역을 세대 연계적이고 사명 중심적인 목회로 실천하고 있습니다.[57]

충신교회는 가정에선 가정예배를 드리고 교회에선 온가족기도회에 함께 참여하는 '믿음의 가정 세우기 프로젝트'를 시행하고 있습니다.[58] 또한 부모 세대와 자녀 세대가 매주 듣게 되는 같은 하나님의 말씀을 주중에도 함께 나눌 수 있도록 연령별 신앙 질문과 가정예배 자료가 포함된 오렌지카드를 제공하고 있습니다.[59]

명선교회는 전 교인을 대상으로 가정예배 교육을 실행하고 가정예배 자료인 아이워십(i-worship)을 정기적으로 제공하고 있습니다.[60] 또한 온 가족이 매일 모여서 하나님의 말씀을 함께 읽고 나누는 '밤참'(밤에 읽는 참 말씀) 사역을 실천하고 있습니다.

상당교회는 밤 10시에 10분간 가족이 모여서 함께 말씀으로 큐티하고 묵상을 나누는 '10·10 QT 패밀리'를 실시하고 있습니다.[61]

이렇듯 모든 세대가 함께 참여하는 전 교인 신앙 프로젝트를 시도하는 교회들에서는 규모와 상관없이 부모 세대와 다음 세대 간의 신앙 전수가 일어나고 있습니다. 또한 이를 통한 하나님의 역사와 간증을 주일예배나 정기 모임에서 나누고 있습니다. 뿐만 아니라 조부모 세대가 보다 적극적인 사명자로 참여하고 있으며, 교역자와 평신도 리더 그룹 간에 지속적이고 긴밀한 나눔과 동역이 일어나고 있습니다. 회중들은 자신이 섬기는 교회의 사명과 비전을 보다 선명히 확인하고 참여함으로써 부르심에 따른 헌신과 그 열매를 맺으며 성장하고 있습니다.

5장

연령별 신앙양육 로드맵:

좋은 정원사로

거듭나기 위한

신앙 전수 매뉴얼

"그는 시냇가에 심은 나무가 철을 따라 열매를 맺으며
그 잎사귀가 마르지 아니함같으니
그가 하는 모든 일이 다 형통하리로다"

시편 1편 3절

가정과 교회가 연계하여 다음 세대에게 신앙을 전수하는 과정에서 요청되는 필수 매뉴얼 중 하나는 자녀들의 인생 주기에 따른 연령별 특징과 그에 따른 양육 실천 세부 매뉴얼일 것입니다. 또한 부모 세대 역시 중년기와 노년기의 여정에서 요청되는 연령별 특징을 알고 그에 따라 행동할 수 있는 신앙 실천 매뉴얼이 필요합니다. 이제부터 살펴볼 자료들을 통해 우리의 진정한 정원사이신 하나님의 사랑과 지혜를 배우고 본받아 다음 세대를 인생의 절기마다 철을 따라 열매를 맺는 강력한 믿음의 세대로 세워 나가기를 바랍니다.

자녀 마음에 하나님을 새기라

평안과 안정이 필요한

영아기(출산~18개월)

자녀는 태어나서 18개월까지는 영아기라는 계절을 보냅니다. 이때 자녀는 부모 특히 엄마에게 전적으로 의존하여 성장하게 됩니다.[62] 하나님이 아기를 일관되고 지속적으로 돌보는 것을 부모에게 맡기셨습니다. 이 시기 아기는 엄마와의 관계를 통해서 신뢰라는 가장 본질적인 열매를 맺게 됩니다.[63] 따라서 이 시기 엄마가 긍정적인 언어와 신실한 사랑과 관심으로 자녀를 돌볼 때, 자녀의 내면에는 평안과 안정, 희망 등 인생의 중요한 덕목이 자리 잡게 됩니다. 이는 아기가 앞으로 자라는 과정에서 정서적, 사회적, 신앙적 토양이 될 것입니다.[64]

한마디로 엄마는 아기에게 '이 세상 살 만하네' '이 엄마 믿고 살 만하겠다' '이 가정에서 만나는 사람들은 참 좋다'는 생각을 갖도록 해야 합니다.

이 시기의 아기는 엄마와 미분화된 신앙(undifferentiated faith)을 갖게 됩니다. 즉 인지적 사고나 이해를 통한 신앙의 발달보다는 주된 양육자인 엄마와의 애착과 신뢰를 통해 신앙이 형성됩니다.[65] 따라서 이 시기 집에서 매일 드리는 가정예배는 자녀의 신앙양육에 매우 효과적입니다. 부모가 들려주는 축복기도와 말씀은 자녀의 내면에 평안과 신뢰를 심게 합니다.[66]

예를 들어, 엄마가 아기를 품고 "하나님, 우리 ○○이 오늘도 건강 주셔서 감사해요. 하나님의 온전하심을 닮아 자라도록 필요한 건강과 믿음, 인격과 사랑을 부어 주세요"라고 기도할 때, 이 기도는 하나님과 엄마의 대화이기도 하지만 아기 역시 인지적 언어가 아닌 정서적 언어로 하나님과 대화하게 됩니다. 이때 가정예배 장소는 아기가 평안함과 안정감을 느낄 수 있는 침실이나 거실이 좋습니다.

한편, 백일이나 돌, 유아세례같이 특별한 날을 조부모를 비롯한 친지들과 함께 가정예배를 드리는 기회로 삼으면 좋습니다. 간단한 동영상이나 사진첩을 만들어 온 가족이 하나님의 은혜를 기억하고 감사하는 시간이 되도록 하는 것입니다.[67]

부모에게 하루만큼 자란 자녀의 성장 기록과 자녀를 청지기로 맡아 기를 수 있는 믿음과 힘을 주신 하나님을 향한 감사를 기록하는 감사노트를 작성하기를 권합니다. 부모와 자녀 모두가 영적으로 성장하는 계기가 될 것입니다.[68]

영아기 자녀는 익숙지 않은 교회에 왔을 때 불안을 느낄 수 있습니다. 특히 부모와 떨어져 예배를 드리기 시작하는 생후 12개월 이후에는 교회가 평안과 안정의 장소가 아니라 불안과 불신의 장소가 될 수 있습니다. 이때는 교회에도 아기를 따뜻한 사랑으로 돌봐 줄 양육자가 있음을 알려 줄 필요가 있습니다. 당연히 교회학교 교사와 교역자는 아기가 교회에 와서 더 이상 불안을 느끼지 않도록 안정과 신뢰를 제공해야 합니다. 이 관계가 아기의 신앙 발달에 긍정적인 영향을 미치게 됩니다.[69]

　자녀 마음에 하나님을 새기라

따라서 교회에는 영아기의 아기를 언제든지 주목하고 돌봐줄 교사가 있어야 하며, 영아부 교사들은 아기들이 예배 시간과 상관없이 언제든지 졸릴 수 있고, 배고플 수 있고, 불안함을 느낄 수 있음을 인지하고, 필요한 부분을 신체적으로, 정서적으로, 환경적으로 충족시켜 주어야 합니다.

이 시기에 유아세례를 받는 경우, 믿음의 부모는 먼저 자신이 가정의 신앙교사임을 확인하고, 가정이 자녀에게 합당한 신앙양육의 현장이 되게 하며, 자녀가 자라남에 따라 필요한 영적인 양육과 신앙적인 지도를 행할 것을 결단해야 합니다. 이를 위해 부모와 온 가족은 유아세례 부모 교육및 유아세례식에 적극 참여하여 신앙교사로서 합당한 역량을 길러야 할 것입니다.

영아기의 자녀를 양육하는 부모는 매우 격동의 시기를 보내게 됩니다. 새롭게 부여된 부모로서의 책임, 점점 쌓여 가는 육아 피로, 늘어나는 확대 가족 모임, 부부 상호 간의 소통의 시간 부족 등을 경험하면서 혼란스러울 수 있습니다.[70] 이때 믿음의 부부는 거룩한 전우애를 가져야 합니다. 하루하루가 전쟁 같지만, 같은 사명과 부르심을 받은 부부로서 경쟁 관계가 아닌 동역 관계로 서로 응원하고 지원해야 합니다(창 2:18).

특히 가정예배를 드림으로써 급격한 환경 변화로 혼란에 빠진 부부에게 절대적인 안정을 공급하시는 하나님을 의지하고 고백하는 시간이 필요합니다. 이 시간을 통해 상호복종의 모형을 보여 주신 주님의 본을 따라가며 부부간에 삶을 나눠야 합니다.

즐거움과 모방으로 성장하는

유아기(18~36개월)

18개월이 지나면 스스로 걷고, 뛰고, 기어오르는 한편, 고집과 의지를 드러내며 자기중심적인 행동을 하게 됩니다. 색깔과 모양, 냄새, 소리 등의 물리적, 정서적 환경에 매우 민감하며 적극적인 자율성을 갖고 세상을 마음껏 탐구합니다.[71]

부모는 이런 아이들의 행동이 위험해 보여서 "안 돼요" "노!" "못써요" "에헴"과 같이 거절의 말로 자율성을 제한하곤 합니다. 이 때는 영아기의 감각 의존적 사고에서 벗어나 내면적 사고를 하긴 하지만 여전히 논리적 사고가 제한적이며, 자기중심적인 인지적 전조작기(pre-operational period)[72]에 있기에 부모의 이 같은 거절의 말은 아이에게 성장을 위한 변화보다는 행동을 멈추는 수치심을 줄 수 있습니다.[73] 부모의 거절과 설명을 듣고 행동을 멈췄다면, 그것은 수치심을 더 받지 않기 위한 행동이라 할 수 있습니다.

하나님은 이 시기의 아이들에게 모방이라는 강력한 학습과 성장의 도구를 주셨습니다.[74] 이 시기 아이들은 설명하면 못 알아들을 수 있지만, 눈에 보이는 대로 따라 하면서 배우게 됩니다. 그래서 이 시기 부모의 좋은 모델링은 자녀의 성장에 중요한 영향을 미칩니다. 사람을 대할 때 얼굴 표정부터 배려하는 태도, 위험할 만한 물건을 다루는 방법, 예배드릴 때 찬양하는 모습, 말씀 듣는 모습, 기도하는 모습 등 모든 말과 행동이 강력한 양육 현장이 됩니다.

자기조절 능력이 부족하고 수시로 감정이 변하는 이 시기 자녀들에게 엄마와 교사 같은 양육자는 무엇보다 일관성 있고 따뜻한 환대의 태도를 견지하는 것이 중요합니다. 이때 자녀는 정서적인 안정감과 애정과 신뢰의 욕구를 충족하게 됩니다.[75]

상상하며 반응하는
유치기(만 3~5세)

만 3~5세의 자녀는 여전히 논리적 사고가 제한적이며 자기중심적이지만, 점차로 부모와 대화가 가능한 인지적 조작기(concrete operational stage)[76]로 옮겨 가게 됩니다. 유아기에는 눈에 보이는 대로 따라 하며 기뻐하는 모방이 강력한 학습의 통로가 되었다면,[77] 이 시기는 옳은 것과 그른 것을 스스로 판단(sense of initiative)[78]할 수 있는 인지적 사고가 발달하게 됩니다. 이때 부모의 올바른 훈육이 필요합니다.

이 시기의 훈육(discipline)은 성품 형성에 결정적인 역할을 하게 됩니다. 성령의 9가지 열매가 성품과 관련된 것임을 기억할 때, 유치기는 성령님의 인도하심이 매우 중요한 시기라고 볼 수 있습니다. 여기서 말하는 훈육이란 감정적으로 혼을 내는 것이 아니라 옳고 그름을 분별해 주고 옳은 행동을 할 수 있도록 격려하고 지원해 주는 것을 말합니다.

이 시기에 잘못된 행동을 감정적으로 지적하면 아이들의 마음에 죄책감이 생길 수 있습니다. 반면에 올바른 훈육은 아이들의 주도성은 제한받지 않으면서 자발적 순종과 분별을 통한 합당한 성품을 기르게 됩니다.[79]

감정적인 훈육이 반복되면 아이들은 일시적으로 상황을 모면하기 위해 거짓말을 하거나 더 심하게 떼를 쓰기도 합니다. 예를 들어, 자녀가 가정예배 시간에 장난을 치며 예배를 방해한다면, 이때 바른 훈육은 무엇이 더 나은 행동인지 자녀와 서로 대화를 나누고 스스로 옳은 선택을 하도록 이끄는 것입니다. 반면에 자녀의 행동을 가족들 앞에서 지적하고 당장 약속을 받아 내는 식으로 훈육을 하면, 자녀는 죄책감을 갖게 됩니다. 자녀도 자신의 행동이 옳지 않다는 걸 알기 때문입니다. 주도성이 발달하는 이 시기에 죄책감을 갖게 되면 그것이 바른 훈육과 학습을 받아들이지 못하게 되는 걸림돌이 될 수 있습니다.

또한 유치기의 아이들은 직관적이고 상상적인 사고를 통하여 세상과 하나님을 경험하게 되기에, 이 시기의 신앙교육은 설명보다는 체험이, 언어보다는 관계로 교육하는 것이 효과적입니다.[80] 성경의 지식을 말로 전하기보다는 성경 이야기 속에서 드러나는 하나님의 성품과 언약과 그분이 하신 일들을 상상하고 경험하게 하는 것이 효과적인 것입니다.

예를 들어, 모세 이야기를 그림 성경으로 하기보다 집 안에 있는 블록 장난감, 종이, 전등 등을 활용해 스스로 상상하게 돕습니

자녀 마음에 하나님을 새기라

다. 다윗이 골리앗을 물리친 이야기를 할 때는 역할놀이를 통해 직접 경험하도록 할 수 있습니다.

가정예배는 유치기 자녀들과 하나님의 말씀을 마음껏 상상하고 창의적으로 묻고 대답할 수 있는 시간입니다. 집 안에 있는 다양한 교구를 활용해 성경 이야기를 재연함으로써 말씀에서 나타나는 하나님이 어떻게 느껴지는지, 어떤 분인지 서로 대화할 수 있습니다.[81]

오늘날 한국 사회는 이 시기 아이들에게조차 지나친 공부 스케줄을 강요하고 있습니다. 이 때문에 이 시기의 많은 아이들이 학습에 대한 부정적인 경험을 하고 있으며, 나아가 정신적 육체적으로 고통을 당하고 있습니다.[82] 유치기에는 통합적 사고를 관장하는 전두엽과 측두엽이 발달하기 때문에 오감놀이와 대화놀이, 인성교육과 성품교육에 치중해야 합니다. 그럴 때 뇌가 균형적으로 발달하게 됩니다. 만일 이 시기에 미디어 동영상이나 주입식 암기교육에 너무 노출되는 경우, 뇌세포가 스스로 소멸하거나 끊어지는 가지치기(pruning) 현상을 경험할 위험도 있습니다.[83] 그러면 학령기에 들어서 학습력과 집중력, 공감 능력과 자기 통제력을 가져야 하는데 그렇지 못할 수 있습니다.

유치기에는 자녀의 영적, 인지적, 사회적, 정서적 성장에 치명적으로 부정적인 영향을 주는 미디어 기기나 동영상에 노출되지 않도록 최대한 제한해야 합니다. 더불어 성경 암송을 할 때도 이 시기는 한 글자도 틀리지 않고 암송하기보다 오감을 활용해 성경을 마음에 새겨서 암송하도록 도와야 합니다.

발견과 성취감으로 자라나는

유년기(초등학교 1~3학년)

아이들은 초등학교에 들어가면서 본격적으로 학업을 성취하며 사회생활을 넓혀 나가는 시기를 맞이합니다.

최근 설문조사에 따르면, 새 친구와 선생님 등 새로운 환경을 접하며 학교 가기 싫어하거나 배탈이나 두통을 호소하는 '새학기 증후군'을 경험한 아이들이 58.7%나 되었습니다.[84] 이때 부모의 지속적인 지지와 격려는 자녀들에게 큰 힘이 될 수 있습니다.

부모는 이 시기에 우리 자녀들이 건강하게 양육받아야 할 자기 생명 존중의 권리, 학대와 폭력으로부터 보호받을 보호의 권리, 자신의 생각을 이야기하는 참여의 권리, 친구들과 놀고 학업을 배우는 발달의 권리를 성경적인 관점에서 온전히 보호받을 수 있도록 지속적으로 점검해야 할 것입니다.[85]

유년기에는 직관적, 관계적 사고가 세상을 이해하고 해석하는 중요한 잣대가 되므로 부모는 무엇보다 자녀와 긍정적이고 신뢰할 만한 관계를 유지하는 것이 매우 중요합니다.[86] 세상을 탐구하고 해석하는 세계관이 형성되기 시작하는 이 시기의 아이들은 성경 말씀을 문자적으로 받아들이는 신화-문자적 세계관(mystic-literal faith stage)[87]을 보이기 때문에 가정과 교회에서 듣고 보게 되는 신앙관은 그들의 세계관을 형성하는 데 절대적인 영향을 미치게 됩니다.

또한 유년기에는 장기 기억이 강력하게 발달하는 시기라 학습

자녀 마음에 하나님을 새기라

을 통해 얻는 성취감이 성장의 중요한 동력이 됩니다.[88] 따라서 유년기의 자녀가 기억하고 이해하고 소화할 수 있는 분량의 학습을 매일 부여하고, 이를 달성하도록 돕는 것이 필요합니다. 또한 이때 경험한 성취감과 근면함이 지속적으로 내면화되고 강화되도록 해야 합니다.

이렇듯 관계적 사고와 성취감이 성장의 동력이 되는 유년기에는 적절한 칭찬과 보상을 주는 것이 효과적이며 예배의 경험이 즐거워야 합니다. 가령, 주일예배나 가정예배에서 적절한 분량의 말씀을 암송하면 보상을 해주는 것입니다. 이와 함께 성경 묵상과 삶의 나눔, 활동 등이 즐겁고 행복한 경험이 되도록 해야 합니다. 그럴 때 성경은 그들의 삶에 메타 이야기가 될 수 있습니다.

부모는 가정예배 시간이든 식사 시간이든 침대머리에서든 이 시기 자녀의 기독교 세계관이 어떻게 형성되고 있는지 지켜보고 점검할 필요가 있습니다.

만일 이 시기의 자녀에게 학교나 교회에서 어떤 문제가 생겼다면, 부모와 교사는 이 상황을 강력한 신앙양육의 기회로 활용할 수 있습니다. 지금 자녀가 경험하고 있는 상황과 유사한 사건에 대하여 성경은 어떠한 대안적인 이야기를 하고 있으며, 하나님의 백성으로서 세상과 구별된 해결 방안이 무엇인지 대화를 통해 분별하고 실천할 수 있습니다. 이 경험은 장기 기억과 직관적 사고가 발달하는 유년기의 자녀에게 평생에 삶의 지표와 자원이 될 것입니다.

자녀가 아동기에서 소년기로 전환하는 시기에 있는 부모는 자녀의 현재적 성경 이해, 신앙 이해, 삶의 실천을 기준으로 자녀의 신앙 상태를 점검해야 합니다.

성경 이해란, 성경을 통해 드러난 하나님의 성품과 언약과 역사를 기억하고 있는지를 말합니다. 신앙 이해란, 기독교의 기본 교리와 용어들을 바르게 이해하고 있는가입니다. 삶의 실천이란, 말씀을 읽고 기도하며 기독교적인 삶을 살아 내고 있는가입니다.

부모는 질문과 대화, 설명과 안내를 통하여 자녀의 현재적 신앙을 점검하고 그에 합당한 양육과 지원을 해야 할 것입니다.

이해와 해석으로 성장하는
소년기 (초등학교 4~6학년)

초등학교 4학년부터 이른바 2차 성장기에 들어서게 됩니다. 이때는 이전의 직관적이고 관계적인 사고에서 벗어나 점차로 논리적, 이성적, 추상적 사고로 세상을 해석하고 진리를 받아들이게 됩니다.[89]

예전에는 엄마가 하는 말은 무조건 아멘으로 받아들였다면, 이때부터는 엄마의 말이 이해되어야 받아들이게 됩니다. 가령, 물 좀 가져오라고 하면 그전까지는 "네" 하던 아이가 이때부터 "왜?" 하고 되묻게 됩니다. 예전엔 사랑하는 엄마가 부탁하는 것이니 들어주는 게 전혀 문제되지 않았는데, 논리적으로 사고하게 되면서 내 앞에서 놀고 있는 동생도 눈에 보이고 누워 있는 아빠도 보여서 왜 나한테만 심부름을 시키는 건지 의문이 드는 겁니다.

이때 많은 부모들이 당황하면서 자녀의 변화를 못마땅하게 여기는데, 자녀는 소년기에 합당하게 성장했을 뿐이며, 도리어 부모가 정원사로서 자녀의 인생 계절을 따라 적절한 돌봄을 주지 못하고 있는 것입니다.

유년기까지 부모와 교사의 역할이 주로 앞에서 이끌어 주는 인도자였다면, 소년기부터는 곁에서 그들의 말을 경청하고 격려하며 진지하게 고민하는 동행자가 되어야 합니다.

이성과 논리로 세상을 바라보기 시작하는 소년기에는 성경 말씀이 그냥 믿어지지 않게 됩니다. 궁금한 것이 많아지고 의심스러운 것이 많아집니다. 이는 자연스러운 것이고 당연한 것입니다. 더구나 이 시기의 자녀들은 학교에서 진화론을 배우게 됩니다. 이때 성경적 세계관과 말씀에 근거한 창조론과 하나님을 가르치지 않으면 자녀들은 신앙적 혼란을 겪을 수 있습니다. 심지어 믿음을 포기하고 교회를 떠날 수 있습니다.

따라서 이 시기에는 '무조건 믿으라'고 말하기보다 과학보다 더 크신 하나님을 설득력 있게 설명해 주어야 합니다. 과학은 인간이 발견한 렌즈 중 하나에 불과합니다. 하나님은 과학이라는 렌즈로 설명하기 힘든 분입니다. 마치 10cm짜리 자로 6m 깊이의 한강을 잴 수 없듯이, 인간의 이성과 과학으로 그보다 크신 하나님을 재단할 수 없습니다. 부모와 교사는 이 시기 자녀들의 성경적 세계관이 흔들리지 않도록 그들을 설득하고 설명할 책임이 있습니다.

뿐만 아니라 이 시기 자녀들이 겪게 되는 삶의 이슈들(물질주의와 직업관, 학업과 경쟁 문화, 이성과 성 문제, 현대문화와 미디어 중독 등)에 대하여도 대화를 통해 신앙적 가르침을 제공해야 합니다.

이 시기에 효과적인 신앙양육은 무엇일까요?

첫째, 부모 세대가 경험한 체험과 고백이 강력한 양육의 통로가 될 수 있습니다. 부모가 경험한 하나님을 설명이 아닌 고백으로 전할 때, 자녀는 하나님이 눈에 보이지도 않고 논리적으로 설명할 수도 없지만 그분이 세상보다 큰 분임을 이해하게 됩니다. 특히, 자녀의 삶에 일어났던 기적과 같은 일을 믿음의 고백과 함께 간증하는 그 자리야말로 매우 효과적인 신앙 전수의 자리가 됩니다.

둘째, 하나님이 이성과 지혜를 통하여 이미 알려 주신 기독교 변증의 자료들을 함께 탐구해 보는 것입니다. 최근 다음 세대를 위한 기독교 변증과 세계관에 관한 많은 자료들이 출판되고 있습니다. 이 분야에 조금만 관심을 가져도 큰 신앙양육의 유익을 누릴 수 있습니다. 이 과정에서 자녀의 신앙이 자기 고백적인 신앙으로 성장하게 될 것입니다.

한편, 이 시기의 자녀들에게 자기 주도학습(self-directed learning)[90]을 훈련시키는 것이 좋습니다. 신앙과 학업 모두에서 스스로 학습의 목표와 내용을 정하고 이를 위한 효율적인 자원과 전략을 세워 실천에 옮기도록 훈련하는 것입니다.

이때 핵심은 학업 성취의 결과보다는 학업을 대하는 자녀들의

자녀 마음에 하나님을 새기라

태도와 과정입니다. 이 과정에서 자녀들의 우선순위와 가치관, 세계관, 성품, 비전 등이 성경적이 될 수 있도록 이끄는 것이 부모와 교사의 과제입니다. 교회와 가정의 사명과 비전 안에서 자신의 인생 비전과 핵심가치를 생각해 볼 수 있도록 안내해 주는 것도 이 시기 신앙양육의 과제입니다.[91]

더불어 유년기에서처럼 자녀의 현재적 성경 이해, 신앙 이해, 삶의 실천을 기준으로 자녀의 신앙 상태를 점검하는 책임도 부모에게 있습니다.

정체성과 비전의
청소년기(중고등학교)

속된 말로 '중2병'을 지나는 청소년기에는 자기자신에 대한 관심이 더욱 증폭되는 시기입니다. 그렇다 보니 이상적인 자아와 현재의 자아 간에 극심한 괴리를 느끼고 실존적 소외와 고독, 절망과 불안을 느끼게 됩니다.[92]

특히 한국의 청소년들은 과열된 대학 입시 경쟁과 무분별한 사교육 열풍, 그리고 부모 세대의 불안전한 경제 상황으로 인해 불안감(anxiety)을 더 크게 느끼고 있습니다. 이때 불안에 대처하는 합당한 안정과 격려와 인도함을 제공받지 못하면 자기소외를 경험하거나 관계 단절과 같은 극단적인 방식으로 안전을 추구하게 됩니다.

하나님은 이들이 교회와 가정이라는 공동체를 통해 안정감을 가지고 자신의 정체성을 찾아가도록 하십니다.

누군가를 신뢰할 만하다는 것은 그 대상으로부터 지나친 사랑을 받을 때입니다. 내가 기대한 사랑보다 더 큰 사랑을 받고, 내가 기대한 희생보다 더 큰 희생을 받으며, 내가 생각한 용서보다 더 큰 용서를 경험할 때, 사람은 신뢰와 사랑을 보내게 됩니다. 청소년에게 이런 이가 누구입니까? 부모와 교사입니다. 한없이 작아 보이는 자신에게 너는 존재만으로 존귀하다고 말해 주는 부모와 교사가 있는 한, 자녀들은 가정과 교회 공동체 안에서 자신의 정체성을 찾아가게 됩니다.

우리 아이들은 지적받아서 변하는 것이 아니라, 감동받아서 변합니다. 세상의 지식과 상식으로는 이해할 수 없고, 감당할 수도 없는 십자가의 사랑과 무차별적인 용서를 경험할 때 자녀들은 변합니다. 이 십자가 복음 안에서 세상과 전혀 다른 비전과 사명을 갖고 세상을 살아가게 됩니다.

이 회심(conversion)이 어린 자녀에게 일어나도록 옳은 방향으로 인도하는 것이 가정과 교회가 해야 할 일입니다. 청소년 사역의 비전은 여기에 있습니다. 가정과 교회가 청소년기 자녀들에게 그들의 존재 자체만으로 존귀한 존재임을 일관되게 알려 주고, 그들 내면의 소망과 비전에 대해 지속적으로 관심 가져 주고 대화를 시도하며 기도로 지원하는 것입니다.

이때 청소년부에서 드리는 예배와 가정예배는 그들 삶의 암묵

자녀 마음에 하나님을 새기라

적인 커리큘럼이 될 것입니다. 청소년기 자녀들에게 신뢰할 만한 공동체의 이야기와 비전, 권위는 자신의 자아정체성을 세워가는 데 강력하게 작용하기 때문입니다. 그러기에, 예배를 드리는 구성 원의 경건한 태도와 그 속에서 나누게 되는 삶의 가치와 비전이 자 녀들의 인격과 신앙 형성에 커다란 역할을 하게 되는 것입니다.[93]

특히 부모의 신앙관과 세계관은 자녀의 신앙 형성과 성장에 직 접적인 영향을 끼치게 됩니다.[94] 부모는 청소년기의 자녀와 함께 그들의 고민을 나누고 신뢰와 사랑으로 격려와 힘을 지속적으로 제공해야 합니다. 그것이 곧 신앙 전수입니다.

비록 세상은 경쟁적이고 자기중심적이며 끊임없이 불안을 부추 깁니다. 그럼에도 청소년기 자녀들이 가정과 교회를 통해 강력하 고 신뢰할 만한 신앙 공동체의 문화를 정기적으로 경험하게 된다 면, 세상과 신앙 공동체라는 서로 다른 문화로 혼란스러워 하기보 다 신앙인으로서 안정감을 느끼며 구별된 삶을 살아갈 수 있습니 다. 그리고 그것은 자녀의 평생에 매우 중요한 세계관과 기준을 제 공하게 됩니다.

한편, 유년기와 소년기와 마찬가지로 청소년기 자녀의 현재적 성경 이해, 신앙 이해, 삶의 실천에 대하여 시간을 정하여 점검하고 그에 합당한 지원과 양육을 제공해야 합니다.

오늘날 청년 세대를 일컬어 신생 성인기(emerging adult)라고 합니다.[95] 청소년과 성인 사이에 낀 불안전한 그들의 정체성을 나타내는 말입니다. 이 시기의 청년들은 자신의 정체성을 유지하면서도 타인과 조화를 이루고 친밀감(intimacy)을 가지는 것을 인생 과제로 여깁니다. 타인의 약점이나 한계를 받아들이고, 갈등을 극복하며, 연애와 결혼, 사회생활과 직장생활을 통해 친밀감을 가지려 노력합니다.[96]

특히 한국 사회의 청년들은 N세대, P세대(열정 passion, 참여 participation, 역량 potential power), IP세대(관심과 열정 Interest and Passion, 국제적 역량 International Potential, 혁신적 개척자 Innovative Pathfinder, 똑똑한 재테크족 Intelligent Portfolio을 의미)라고도 불립니다.[97] 이외에도 낮은 월급을 뜻하는 88만원 세대, 연애와 결혼, 출산을 포기한 3포 세대, 여기에 인간관계와 집 혹은 꿈과 희망까지 포기하는 7포 세대, N포 세대, 절망 세대로도 불립니다.[98]

청년들이 당면한 삶이 만만치 않아 보입니다. 더구나 기독 청년들이 기독교 신앙과 가치를 가지고 세상을 살아가기에는 현실적 장벽이 너무 높아서 실존적인 고민이 깊을 수밖에 없습니다. 여기에 기독교의 공적 신뢰도 추락, 늘어나는 가나안 교인 현상, 교회의 세속주의 등으로 교회를 떠나는 청년들이 늘어나고 있습니다. 게

다가 그들을 신앙적으로, 공동체적으로, 역량적으로 지원해 줄 멘토도 공동체도 매우 부족합니다.[99]

친밀감과 소속감이 중요한 청년기에는 소그룹 단위의 성경공부, 교제, 선교, 봉사, 동아리 활동 등이 효과적인 신앙양육이 될 수 있습니다.[100] 이들에게는 전통적이고 권위적인 전달 방식보다는 상호 탐구적이며, 말씀을 바탕으로 삶을 역동적으로 성찰하고 대화하는 교육 방법이 효과적입니다. 이를 위해 양육자는 전문적인 자료 수집, 삶을 반추할 수 있는 생산적이고 개방적인 다양한 질문, 창의적이고 참여적인 예술적 방법 등을 활용해야 합니다.[101]

최근 한국 청년 세대의 신앙생활과 신앙 인식에 대한 조사연구에 따르면, 청년 세대의 신앙에 영향을 주는 요소로 가정과 부모, 강력한 예배 경험, 소속감이 분명하고 돌봄과 관심을 받는 공동체 등이 꼽혔습니다.[102] 이에 따라 한국의 청년 세대에 적합한 양육 방법은 이와 같습니다.

첫째, 교회에서 드리는 예배를 통해 진로, 직업, 관계, 재정, 일터, 결혼 등 청년들의 구체적인 삶의 이슈가 진리의 기준을 따라 복음적으로 제시되어야 합니다. 그럴 때 청년들은 자신이 당면한 현실의 문제를 복음적 기준으로 해석하고 결단하게 됩니다.

둘째, 교회는 청년들에게 직업으로서의 비전이 아닌 하나님의 구체적인 소명의 자리로서의 비전을 제공하는 한편, 청년들의 적성과 진로, 경험과 연계된 일터 사역 혹은 일터 멘토 소그룹 모임이나 간담회를 제공할 수 있어야 합니다. 교회의 규모가 이러한 리소스를 제공하기 어렵다면 지역 단위 교회 간 네트워크 혹은 일터 사역 기관들과의 동역을 통해서 제공할 수 있습니다.[103]

셋째, 가정과 부모가 청년기의 자녀들이 안심하고 신앙과 삶에 대해 나눌 수 있는 대화의 자리를 마련하는 것입니다. 가정에서 부모와 함께 말씀을 묵상하고 자유롭게 자기 의견을 개진하며 삶의 문제에 대해 부모로부터 코칭과 격려를 받을 수 있다면, 가정은 자녀들에게 신앙 성장의 장이 될 것입니다.

넷째, 성경공부 소그룹 모임, 리더 훈련 모임, 사역 및 교제 모임 등에 참여하여 세상을 신앙으로 살아가는 영적 역량을 기르는 것입니다.

자녀와 함께 자라 가는
장년 초기(신혼부부~자녀의 연령이 미성년자인 부모)

장년 초기는 부모로부터 독립하여 자신의 가정을 세우고, 더불어 자녀를 낳아 부모로서 살아가는 시기입니다. 결혼은 하나님이 인간에게 주신 큰 선물이자 축복입니다. 그러나 동시에 남편과 아내 모두 미혼 때와는 전혀 다른 경제적, 관계적, 문화적, 사회적 과제들을 떠안게 되므로 새로운 환경에 적응해야 하는 쉽지 않은 시기입니다.[104] 더구나 지금까지 다른 환경에서 살아온 배우자의 가치관과 삶의 양식에 적응하기도 전에 부모가 되는 경우도 많습니

자녀 마음에 하나님을 새기라

다. 부부 양쪽이 모두 시간적으로, 신체적으로, 사회문화적으로 급격한 변화를 겪게 되며 상호의존의 시기를 경험하게 됩니다.[105]

결혼한 신혼부부는 부부로서 하나되기 위해 이전의 가치관과 생활습관, 삶의 우선순위를 조정해야 합니다. 이것은 결혼생활 내내 이뤄져야 하는 것이기도 합니다. 부부는 이 과정에서 가정의 주관자 되시는 하나님의 말씀 안에서 의지적으로 자신을 돌아보고, 갱신하며, 서로를 세워 갈 수 있습니다.

신혼기의 부부는 서로간의 만족스런 의사소통 유형, 가정 안에서 서로의 역할과 재정의 규모와 계획, 부모로 준비하는 계획과 역할에 대해 진지하고도 인격적인 대화를 해야 합니다.[106]

결혼한 부부에게 임신과 출산은 결혼으로 인한 변화보다 더 큰 변화를 겪게 합니다. 임신 초기에는 부모로서 자신의 이미지를 형성하고, 임신 중기에는 출산에 대한 기쁨과 기대와 더불어 불안에 대한 긍정적 수용이 필요하며, 출산을 앞두고는 예비아빠들의 예비엄마에 대한 감정적 공감과 신체적 배려를 통한 출산 준비가 필요합니다.[107]

영아기 자녀를 둔 부모의 우선적 과제는 평안하고 안정된 환경에서 부모와 자녀가 애착관계를 형성하는 것입니다.[108] 이때 믿음의 부부는 동역하는 관계(창 2:18)로서 신체적, 정서적, 관계적, 사회적, 영적 상황을 서로 도와야 합니다. 특히 엄마는 절대 의존의 상태에 있는 아기에게 의미 있는 타자로서 지속적으로 관계적, 육체적, 정서적, 영적 안정감과 평안함을 공급해 주어야 합니다.

유아기 자녀들에게는 감정적으로 혼내거나 논리적으로 설명하기보다는 상황마다 그들이 따라 하기 좋은 모델을 보여 주어 행동을 바꾸는 것이 효과적인 양육 방법입니다. 직관적, 투사적, 물활론적 사고를 가지고 있는 유아기 아이들에 적합한 신앙교육은 가능하면 손으로 만질 수 있는 교보재를 활용하거나, 큰 그림과 단순하지만 역동적인 이야기로 구성된 성경 이야기를 활용하면 효율적입니다.[109]

어린이집에서 양육받기 시작했다면, 자녀의 심리적, 정서적, 관계적, 사회적 상태를 예의 주시하며 어린이집 교사들과 지속적으로 의사소통을 해야 합니다. 더 나아가 어린이집에서 실시하는 양육 커리큘럼과 환경에 상호적이고 지속적으로 협력하는 자세가 필요합니다.[110]

유치기 자녀를 둔 장년 초기의 부모는 성경 지식이 아닌 오감을 이용한 활동이나 상상력을 이용해 말씀에 나타나는 하나님의 성품과 언약과 하신 일들을 경험하게 하는 것이 좋습니다. 훈육을 할 때는 옳고 그름의 규범과 규칙에 대해 단호하고도 인격적이고 긍정적으로 가르쳐야 합니다. 이 시기의 가정예배는 가장 강력한 신앙양육의 현장이 될 수 있습니다. 한편, 미디어 기기나 동영상에 노출되지 않도록 최대한 제한할 필요가 있습니다.

자녀가 초등학교 저학년이라면, 부모의 양육은 그 무게가 훈육에서 설명으로 옮겨 가야 합니다. 무엇보다 자녀들과 긍정적이고 신뢰할 만한 관계를 유지하는 것이 매우 중요합니다. 또한 신앙적

자녀 마음에 하나님을 새기라

해석과 삶의 실천까지 제시되어 있는 다양한 종류의 성경책을 읽도록 하는 한편, 가정예배 시간이나 식사 시간 혹은 잠자리에서 정기적으로 성경을 들려주고 기독교 세계관을 형성할 수 있도록 도와야 합니다.

관계적 사고와 성취감이 동기부여가 되는 유년기의 자녀들에게는 예배가 즐거운 경험이 되도록 하는 것이 중요합니다. 이를 위해 보상과 칭찬을 이용하는 것도 방법입니다.

자녀가 십대가 되면 이성과 논리로 세상을 바라보기 시작하면서 신앙에 대해 회의하고 의심하기 시작합니다. 이는 자연스런 신앙 여정이므로 부모는 인격적으로 질문하고, 주목하여 경청하며, 함께 진지하게 고민하는 동행자가 되어 주는 것이 중요합니다. 기독교 변증의 자료들을 함께 탐구하면서 내 이해와 지식으로는 설명할 수 없는 영적 세계가 있음을 공감하면 더 좋습니다.

자녀가 청소년기에 들어서면 부모의 양육은 보다 상호 인격적인 관계로 나아가야 합니다.[111] 이 시기에는 급격한 감정 변화, 자신을 둘러싼 세상에 대한 불만, 독립된 정신세계와 인정의 욕구, 부모에 대한 평가, 하나님에 대한 의문과 열정의 시기를 보내기 때문에 부모는 인내를 가지고 지원하고 격려해 줄 필요가 있습니다.

청소년기는 신뢰할 만한 공동체의 비전과 권위, 가치가 그들의 정체성 형성에 강력한 영향력을 미칩니다. 따라서 그들이 존귀한 존재임을 알려 주고, 섬겨 주고, 지원해 주고, 격려해 주는 부모와 교사, 가정과 교회 공동체는 매우 강력한 신앙적 양육 현장이 됩니다.

더 나아가 그들이 단지 구원받은 하나님의 자녀만이 아니라 하나님으로부터 사명을 받은 제자라는 정체성을 갖게 하고, 실제로 그들이 제자로서 헌신하고 봉사할 수 있는 현장을 제공해 주는 것이 필요합니다.[112]

분리와 지원의
장년 중기(자녀의 연령이 청년기인 부모)

자녀가 청년기에 들어서면서 부모는 자녀의 대학 진학, 취업, 군입대, 성년식, 이사 등 보다 적극적으로 자녀를 지원하고 돕는 역할을 감당하게 됩니다.[113] 청년기의 자녀들은 성인이 되었지만, 여전히 부모의 적절한 지원과 격려와 코칭이 필요합니다.[114]

이때 부모는 청년기의 자녀가 하나님이 부르신 소명과 비전을 따라 독립된 삶으로 떠나갈 수 있도록 도와주어야 합니다. 또한 진로와 직장, 결혼과 독립이 하나님이 부르신 자리인지 성경적 기준에 비추어 분별할 수 있도록 도와야 합니다. 교회 역시 청년이 마주한 삶의 과제들을 고민하고 나눌 수 있는 공간을 제공하고, 학교나 일터에서 역량을 발휘할 수 있도록 지원해 주어야 합니다.

가정과 부모가 신뢰할 만하며 환대와 돌봄의 공동체를 신실히 제공할 뿐 아니라 신앙[115]에 대해 안전하게 탐구하고 대화할 수 있는 자리를 제공할 때, 자녀들에게 가정과 부모는 가장 강력한 신앙

자녀 마음에 하나님을 새기라

생태계가 될 수 있습니다. 부모의 신앙이 위선적이고 가정에서 인격적이지 못할 때 신앙 생태계는 형성될 수 없습니다. 시간을 따로 마련해 드리는 가정예배와 인격적 코칭과 나눔이 일어나는 가정은 모든 연령대의 자녀에게 안전한 신앙 성장의 터가 됩니다.

결혼을 준비하는 자녀를 둔 믿음의 부모는 무엇보다도 자녀가 새롭게 일굴 가정의 기초가 하나님 중심의 삶과 믿음이 되어야 함을 다시금 확인해 주어야 합니다. 결혼을 앞둔 자녀는 그보다 경제적, 문화적, 사회적으로 고려할 사항에 마음을 쓰겠지만, 부모는 의도적으로라도 가정의 중심은 하나님이며 우선순위도 하나님임을 알려 주어야 합니다. 이를 위해 부모의 삶에 큰 영향을 주었던 경건 서적이나 의미 있는 리마인더를 선물로 주는 것도 도움이 되며, 신앙의 간증을 들려주는 것도 큰 도움이 됩니다.

통합과 소망의
노년기(조부모 시기)

자녀가 결혼하여 출산을 하면 부모는 할아버지 할머니로서 새로운 정체성을 갖게 됩니다. 노년기의 부모는 자녀가 부모라는 정체성을 갖게 된 것에 감사하며 소망 중에 걸어가도록 도와줄 수 있습니다. 또한 자녀가 임신과 출산의 과정에서 두려움과 기대감의 양가감정을 반복해서 겪게 될 때, 생명의 주인이자 가정의 주인이

신 하나님을 의지하도록 격려하고 삶의 모범으로 보여 줄 수 있습니다.

부모는 부모가 되는 순간 성경이 말하는 역할을 이해하고 수용해야 하듯이, 조부모 역시 새롭게 부여되는 영적 멘토와 지원의 역할을 이해하고 수용해야 합니다. 믿음의 조부모는 부모가 된 자녀가 그들의 자녀를 양육할 때 인생 주기에 따라 사랑과 훈육의 균형을 유지하도록 조언하고 기도로 지원할 수 있습니다. 이 과정에서 조부모는 새로운 열정과 양육의 성취감을 느낄 수 있습니다.[116]

조부모가 손주를 돌볼 때는 하나님에 대한 감사의 신앙이 요청됩니다. 조부모의 이 같은 신앙의 자세가 손주를 이해하고 공감하는 기반이 되며, 그럴 때 손주를 매우 긍정적으로 양육할 수 있습니다.[117] 최근 조부모의 조건 없는 사랑과 신뢰가 손주들의 '친사회적 행동'(pro-social behavior)을 강화시킨다는 연구 결과도 있습니다.[118] 그러므로 교회와 가정은 노년기의 회중이 손주뿐 아니라 교회학교 다음 세대들에게 좋은 영향을 미치는 양육자, 멘토, 격려자, 지원자가 될 수 있도록 합당한 역량 교육은 물론 구체적인 현장을 제공해야 합니다.

노년기에는 신체적 노화[119]는 물론이고 자녀의 출가로 인한 빈 둥지 증후군, 배우자와 가족의 죽음, 은퇴로 인한 경제적 위축, 사회적 역할 상실, 외로움 등 다중적인 변화를 겪게 되며 이 현실을 수용할 것을 요구받게 됩니다.[120]

교회와 가정은 신앙 공동체로서 노년기의 회중들에게 용기와

자녀 마음에 하나님을 새기라

지혜와 힘을 제공할 수 있습니다. 예를 들어, 건강, 주거, 법률, 영양 보급, 사회지원 서비스에 대한 강의와 안내를 제공할 수 있고, 노년기 회중이 주체가 된 사역이나 여가활동, 동아리 모임을 제시할 수 있습니다. 뿐만 아니라 은퇴 및 배우자 죽음 이후의 삶을 위해 공공단체나 상담소를 통해 상담과 지원을 할 수 있습니다. 더 나아가 성경공부 모임과 주제별 토론 모임, 사명과 관심에 맞는 자원봉사의 현장을 제공할 수 있습니다.[121]

노년기 회중에 대한 연구에 따르면 기억력, 창의력, 학업적 지능은 떨어질지 모르나, 지혜롭고 성숙한 지적인 해결 능력인 실용성 지능은 더 높아질 수 있다고 합니다.[122] 그에 따라 교육, 전도, 교제, 섬김, 선교 등 삶의 자리가 확장될 수 있습니다.

노년기에는 인생 여정에서 기쁜 일과 슬픈 일, 이해가 되는 사건과 이해가 되지 않는 사건, 감사한 일과 서운한 일 등을 성경적 세계관으로 다시금 돌아보고, 재해석하여 신앙 안에서 통합하는 과정이 필요합니다. 이를 통해 노년기의 삶에 주어진 소명과 헌신에 대해 반추하며 자녀 세대에게 위대한 신앙의 유산을 남겨 줄 수 있습니다.

노년기에는 공동체에 대한 강한 소속감 욕구, 인정 욕구, 보호받고 싶은 의존적 욕구, 여가활동에 대한 욕구 등이 복합적으로 나타나는 경향이 있습니다.[123] 이외에도 기본적인 생활 유지의 욕구, 지속적으로 성장하고자 하는 생활 향상의 욕구, 직면한 상실을 극복하고자 하는 생활 재건의 욕구 등이 있습니다.[124] 이를 위해 교회와 가정은 자서전 쓰기, 성인의 삶 나누기, 기독교 성지나 박물관 견학하기, 건강과 경제 등에 관한 특강 듣기, 다른 세대와 교류하고 동역하기, 지역과 이웃에 필요한 봉사에 참여하기 등을 제공함으로써 지나온 삶을 반추하고 통합하는 기회를 제공해야 합니다.[125]

한편, 노년기에는 죽음이라는 인류 최대의 이슈와 맞닥뜨리게 됩니다. 이 시기에는 죽음을 절망과 끝이 아니라 영원한 생명으로 가는 여정으로 이해하고 수용하며 준비하는 시간이 필요합니다.[126] 그러므로 교회에서도 노년기가 멈춤과 절망의 시기가 아니라 믿음 안에서 도전과 소망의 여정이 될 수 있도록 돕는 목양이 필요합니다.

자녀 마음에 하나님을 새기라

매뉴얼 리포트:

나 홀로 사역에서

비전팀 동역으로

"하나님은 주인이신 자신께서 종인 인간을 섬기시는 하나님의 역사를 이루어 가신다. 목회는 이러한 하나님의 사역에 부름받은 자들이 참여하는 행위이다."[127]
R. 앤더슨

목회 매뉴얼,
사랑 위에 지식과 총명을 더하라

교육 현장에서 종종 발견되는 딜레마가 있습니다. 사람을 변화시키는 것은 궁극적으로 사랑인데, 사랑만으로 다음 세대들이 온전히 양육되지는 않는다는게 현실입니다. 그 이유는 주로 자녀를 향한 부모의 사랑이 부족해서가 아니라 그 사랑을 전하는 방법이 온전하지 않기 때문입니다.

다음 세대 신앙 전수를 위한 대표적인 성경 말씀인 에베소서 6장 4절은 부모 세대가 하나님의 온전한 교훈과 훈계로 양육할지라도 한 가지, 자녀를 노엽게 하지 말아야 한다고 말씀하고 있습니다.

> 아비들아 너희 자녀를 노엽게 하지 말고 오직 주의 교훈과 훈계로 양육
> 하라 엡 6:4

자녀 마음에 하나님을 새기라

비록 하나님의 말씀으로 교훈하고 양육하여도 자녀를 노엽게 해서 그 마음이 굳게 닫히면 그 심령을 변화시키는 하나님의 사랑과 지혜가 온전히 부어질 수 없기 때문입니다. 빌립보서 1장 9-11절은 하나님의 백성들이 예수 그리스도로 말미암아 선한 것을 분별하고 온전하게 자라나기 위해서는 사랑 위에 지식과 총명을 더하여야 한다고 말하고 있습니다.

> 9 내가 기도하노라 너희 사랑을 지식과 모든 총명으로 점점 더 풍성하게 하사 10 너희로 지극히 선한 것을 분별하며 또 진실하여 허물 없이 그리스도의 날까지 이르고 11 예수 그리스도로 말미암아 의의 열매가 가득하여 하나님의 영광과 찬송이 되기를 원하노라 빌1:9-11

그러니까 다음 세대를 향한 신앙 전수가 온전하지 못한 것은, 우리 안에 부으신 하나님의 사랑이 부족해서가 아니라, 부모 세대가 하나님의 그 온전한 사랑과 은혜를 자녀들에게 바르게 전할 지식과 분별력이 없기 때문입니다.

기독교 교육학자 파커 파머(Parker Palmer)는 "아는 것은 사랑하는 것"이라고 말합니다.[128] 여기서 앎은 사랑에서 기원하는 지식이며, 이 지식은 지적 호기심이나 지배욕을 위한 지식이 아니라 확장된 사랑의 행위입니다. 파머는 이 사랑을 위해 하나님의 말씀을 연구하고, 기도와 경건을 실천하며, 공동체 안에서 더불어 살아갈 것을 제안합니다. 즉 하나님에 대한 사랑에서 우리의 지식은 본질적으로 시작되고, 그 지식은 끊임없는 분별과 실천의 여정으로 나아가는 것입니다.

그러므로 자녀를 하나님 나라의 제자로 세우기 위해 부름 받은 부모에게 요청되는 것은, 이 양육의 소명을 합당하게 구현해 내기 위한 지식과 분별의 역량과 이에 대한 세분화된 실천 매뉴얼이라고 할 수 있습니다. 그리고 지금까지 나 홀로 사역을 했다면 같은 신앙 전수의 사명을 받은 비전팀으로서 동역해야 합니다.[129] 예수님도 그리스도의 복음 전파와 하나님 나라 구현을 위해 열두 제자를 부르셔서 나 홀로 사역하지 않고 동역하셨습니다.

그러므로 이 장에서는 동역을 위해 담임목사, 교육교역자, 교사, 부모, 교구목회자, 교육총괄 목사가 알고 실천해야 할 교육목회 매뉴얼을 제시하고자 합니다. 가정-교회 연계 신앙 전수에 대하여 새로운 패러다임의 교육목회를 시행한다는 의미에서 직책별 사역 매뉴얼에 재시동이라는 의미를 가진 리부트(Reboot)라는 이름을 붙였습니다.

더불어 많은 교회가 담임목사로만 혹은 담임목사와 교육교역자로만 구성되었기 때문에, 교구목회자와 교육총괄 목사를 위한 매뉴얼은 순서상 뒷부분으로 정리하였습니다.

담임목사 매뉴얼 리부트
: 교육 생태계를 재건하라

담임목사는 섬기는 교회가 가정과 연계하여 다음 세대 신앙 전수를 실천하고자 할 때 가장 우선하는 리더가 되어야 합니다. 담임목사는 목회 DNA에 해당하는 교회의 사명과 비전, 핵심가치를 부름 받은 교회의 리더와 회중들과 함께 분별하고 공유하는 과정에서도, 목회 DNA가 반영된 교육목회를 주어진 기간별로 커리큘럼화하는 과정에서도, 이 커리큘럼을 각 회중의 상황에 맞게 프로그램으로 구체화하는 과정에서도, 그리고 마침내 그 모든 목회의 여정을 통하여 온 회중이 얼마나 교회의 사명에 가까워졌는가를 확인하는 평가의 과정에서도 늘 우선적인 리더로서의 역할을 감당해야 합니다.

담임목사는 주일예배에서 다음 세대 신앙 전수를 위한 부모 세대의 사명과 응답에 대한 메시지를 지속적으로 전할 수 있으며, 새벽기도와 수요예배, 특별새벽기도회 등에서도 교회의 비전을 위해 중보기도에 참여하도록 인도할 수 있습니다. 나아가, 세대 간 신앙 전수의 사명에 효율적인 양육 구조와 인적자원의 교육과 운영을 위해 부교역자, 평신도 리더들과 함께 정기적으로 점검하고 분석하고 지원해야 합니다.

최근 부모 세대와 다음 세대가 같은 성경 말씀을 듣고 가정에 돌아가 주중에 그 말씀을 나눌 수 있도록 담임목사가 교회학교 성

경 본문과 동일하게 설교하는 교회도 늘어나고 있습니다.[130]

결국 담임목사가 감당해야 할 교육목회의 핵심은, 교회의 사명과 비전을 온 회중이 공유할 뿐 아니라 각자의 자리에서 참여하도록 교회의 모든 활동을 재구성하고 지원하는 이른바 '강력한 신앙 생태계'를 세우는 일입니다. 다시 말해 담임목사는 회중의 교회 생활 자체가 강력한 커리큘럼이 되는 교회로 세워 가야 합니다.

담임목사 매뉴얼 핵심 질문

- 우리 교회는 온 교인이 함께 따라가야 할 사명과 비전이 선명히 세워져 있으며, 이에 합당한 체계적이고 일관된 양육과 지원이 이루어지고 있는가?
- 나는 교회의 사명과 비전과 전략을 담은 메시지를 정기적인 사역 안에서 온 회중들과 교회 리더들에게 지속적으로 선포하고 있는가?
- 나는 세대 간 신앙 전수의 사명에 합당한 효율적인 양육체계와 인적·물적 자원을 지속적으로 점검하며 지원하고 있는가?
- 나는 세대 간 신앙 전수를 위한 양육 과정에 우선적인 책임자임을 인식하며 합당한 목회적 지침을 교역자 그룹과 평신도 리더 그룹에게 제공하고 있는가?
- 나는 다음 세대 신앙을 교회학교가 책임지지 않고, 교회와 부모 세대 전체가 책임져야 함을 선언하고 있는가?
- 나는 지난 목회 활동을 통하여 온 회중이 얼마나 교회의 사명과 비전에 가까워졌는가를 정기적으로 평가하고 있는가?

자녀 마음에 하나님을 새기라

☑ 담임목사 매뉴얼 체크리스트(총 20문항, 질문당 10점 만점)

핵심 영역	구분	세부 매뉴얼 질문	점수
선명한 목회 DNA 구축	1	우리 교회는 온 교인이 함께 따라가야 할 사명의 깃발이 있는가?	
	2	우리 교회는 사명에 따른 온 회중이 공유하고 있는 구체화된 비전이 있는가?	
	3	우리 교회는 교회의 사명과 비전 안에 다음 세대 신앙 전수에 관한 내용이 명시적으로 포함되어 있는가?	
	4	나는 세대 간 신앙 전수의 사명을 온 회중이 참여할 수 있도록 효율적인 양육 구조와 인적·물적 자원을 지속적으로 점검하는 우선적 책임자임을 인식하고 있는가?	
목회 DNA와 신앙 전수 사명 공유	5	나는 다음 세대 신앙 전수의 사명이 온 회중의 가정 안에서도 기억되고 실천될 수 있도록 예배와 설교, 중보기도와 심방, 리더 교육과 교사 훈련, 예전 교육과 집례, 선교 교육과 파송 등과 같은 구체적인 목회 사역의 현장에서 정기적이며 일관되게 선포하고 있는가?	
	6	나는 교회가 하나님께 받은 사명과 비전과 핵심가치를 분별하고 선포할 때 부름 받은 평신도 리더들과 함께 분별하고 공유하는 과정(예, 리더십 목회비전 세미나, 전교인 목회비전 포럼 등)을 걸어왔는가?	
목회 DNA와	7	나는 교회의 양육 커리큘럼이 교회와 가정이 연계된 세대 간 신앙 전수를 위한 의도적이고 효율적인 실천으로 연결될 수 있도록 정기적인(월별, 분기별, 절기별, 연별) 목회지침을 교역자 그룹과 평신도 리더 그룹에게 제공하고 있는가?	

효율적인 양육 커리큘럼 구축	8	나는 교회가 양육 커리큘럼을 구체화하는 과정에서 회중의 신앙 수준별, 연령별, 가정 상황별, 사회 문화별, 삶의 이슈별 다양한 목회적 고려사항들을 해당하는 양육 담당 그룹들과 정기적으로 대화하고 있으며, 이에 대한 합당한 목회지침을 제공하고 있는가?	
목회 DNA에 따른 목회평가	9	나는 정기적으로 목회에 대한 평가를 하고 있으며, 지난 목회 활동을 통하여 온 회중이 얼마나 교회의 사명과 비전에 가까워졌는가를 평가하고 있는가? 이 내용을 교역자 그룹 및 평신도 리더 그룹들과 나누고 있는가?	
	10	우리 교회는 좋은 프로그램이 많은 교회보다 교회 생활 자체(예배, 말씀, 교육, 친교, 봉사)가 강력한 커리큘럼이 되는 교회를 지향하고 있는가?	

교육교역자 매뉴얼 리부트
: 목회 동역 네트워크를 실행하라

교육교역자는 자신이 섬기는 부서 사역이 앞에서 지적한 성인 사역과 분리된 '미키마우스 한쪽 귀'가 되거나 '독립된 섬'이 되지 않도록 해야 합니다. 이를 위해 부서에서 제공하는 예배와 성경공부, 양육 프로그램이 교회 전체의 사명과 비전과 핵심가치에 뿌리를 두고 있는지, 아이들이 부모 세대와 같은 하나님 나라의 이야기를 나누고 있는지를 점검해야 합니다.

매주 부서에서 드리는 예배와 성경공부, 양육 프로그램이 교회

자녀 마음에 하나님을 새기라

전체의 목회 DNA와 긴밀히 연계될 때, 다음 세대 자녀들은 그들의 부모 세대와 같은 하나님 나라 이야기를 공유하고 경험하며 실천할 수 있습니다. 따라서 교육교역자는 같은 사명과 비전을 받아 동역하는 목회자 그룹, 교사 그룹, 부모 그룹 등과 긴밀한 네트워크를 구축해야 합니다.

먼저는 함께 동역하는 목회자 그룹과 정기적(분기별, 절기별, 월별, 혹은 주별)으로 예배와 성경공부 혹은 온 세대가 참여하는 교회 활동에서 다룰 주제나 성경 본문을 공유합니다. 이렇게 공유된 본문과 주제는 함께 동역하는 교사 및 부모 그룹들과 정기적으로 나눌 수 있습니다. 더 나아가 부서의 연령에 따라 대면하는 삶의 이슈를 고려해 언어와 이미지를 재구성할 수 있고 효율적인 양육 전략과 실천을 설계할 수 있습니다.

한편, 한 달에 한 번 혹은 절기에 한 번이라도 부모-교사 확대 교사 모임을 가질 필요가 있습니다. 이는 자녀 세대의 양육이 교회에서 가정으로 확대되는 것은 물론이고, 더 나아가 교회학교의 다양한 양육 현장(수련회, 캠프, 아웃리치, 봉사활동 등)에 부모가 더 깊이 들어와 협력하면서 목회적 동역 관계를 강화할 수 있습니다.

교육교역자는 이 모임을 위해 해당 부서 자녀 세대의 부모들을 목양하는 교구목회자와 정기적이고 긴밀하게 동역할 수 있으며, 부서에서 실시한 심방 및 중요한 목회적 정보를 교구목회자와 공유하고 상호 지원할 수 있습니다. 이러한 과정을 통하여 다음 세대 양육에 필요한 인적, 물적, 영적 지원들이 보다 풍성해질 수 있습니다.

이와 같은 목회 동역 네트워크를 통하여 교육교역자는 다음 세대를 향한 목양을 '1대5양육'(1:5 ratio)에서 '5대1양육'(5:1 ratio)으로 전환할 수 있습니다. '5대1양육'은 풀러신학교의 카라 파월(Kara Powell)이 제시한 교육 개념으로서,[131] 양육자 5명이 학생 1명을 교육하는 패러다임으로 교육이 전환되어야 함을 강조한 내용입니다. 다음 세대의 양육이 오로지 교회학교의 책임이었을 때는 '5대1양육'이 절대 불가능하지만, 가정과 연계하는 경우에는 담임목사, 교구목회자, 교육교역자, 교사, 부모로 이루어진 다섯 명의 양육자가 한 명의 자녀를 양육할 수 있습니다. 만일 자녀가 부서 내에 있는 리더팀, 예배팀, 선교팀, 문화팀, 전도팀 등 다양한 사역팀에 속해 있다면, 양육자는 더 늘어나게 됩니다.

이렇게 신앙적 지원이 든든하고 안전하게 제공된다면 우리 자녀들은 세상에 끌려다니지 않고 말씀과 믿음으로 굳게 선 신앙 공동체의 일원이 될 것입니다.

교육교역자 매뉴얼 핵심 질문

- 나의 목회 사역의 범위는 교사 그룹과 담당하는 아이들과 그의 가정과 세상 속에서의 삶의 영역까지 포함하고 있는가?
- 나는 부서의 모든 목회 활동에 교회의 목회 DNA가 반영되도록 계획하고 실천하는가?
- 나는 부서의 핵심적인 목회 활동(예, 주일예배, 성경공부, 절기 교육, 수련회, 아웃리치 등)에 부모를 신앙교사로서 초청하며 그들이 가정 안에서 합당한 신앙교사로 섬길 수 있도록 역량 교육을 실천하는가?
- 나는 아이들의 학교를 확장된 신앙양육의 현장으로 고려하며 실천하고 있는가?
- 나는 목회자 그룹, 교사 그룹, 부모 그룹, 교구목회자 그룹과 긴밀하고 지속적인 목회 동역 네트워크를 세우고 있는가?

자녀 마음에 하나님을 새기라

- 나는 동역하는 교사들과 부모들의 기도 제목을 정기적으로 업데이트하여 중보기도하고 있는가?
- 나는 양육하는 아이들을 정기적으로 심방하여 기도 제목을 듣고 중보하고 있는가?
- 나는 다음 세대를 향한 목양을 '1대5양육'에서 '5대1양육'으로 전환하고 실천하는가?
- 우리 부서의 교육은 세상을 좇는 교육인가, 세상에 맞선 교육인가?

☑ **교육교역자 매뉴얼 체크리스트**(총 20문항, 질문당 10점 만점)

핵심 영역	구분	세부 매뉴얼 질문	점수
전일 목회자 로서의 정체성	1	나는 부서 교역자로서 사역의 범위가 동역하는 교사 그룹과 담당하는 아이들만이 아니라, 그들의 부모와 가정 및 그들이 다니는 학교와 세상 속에서의 삶의 영역까지 확장되어야 함을 인식하고 있는가?	
	2	나는 교육교역자로서 섬기는 교회의 목회 DNA를 기반으로 한 나만의 부서교역자 사명문과 이를 구체화한 비전선언문을 가지고 있는가?	
	3	나는 동역하는 교사들에게 주중에도 맡은 아이들의 각 가정 안에서 부모를 통한 신앙 전수가 지속적으로 일어날 수 있도록 돕는 구체적인 반목회 지침을 제공하고 있는가?	
역량 있는 교사와 부모를 세우는 부서 목회	4	나는 부서 내 아이들의 부모가 가정 안에서 자신들의 자녀 세대를 향한 신앙 전수의 부르심과 사명을 기억하며 실천할 수 있도록 정기적이며 일관되게 선포하며 돕고 있는가?	
	5	나는 부서 내 모든 부모 세대들을 가정의 신앙교사로 세우기 위하여 필요한 자녀 세대 인생 주기(영유아기~청년기)에 따른 핵심적인 신앙 과제와 실천에 따른 전문적인 지식과 역량을 기르고 있는가?	

	6	나는 정기적으로(분기별, 절기별, 연별 등) 부서 내 부모 세대들에게 자녀 세대 인생 주기(영유아기~청년기)에 따른 핵심적인 신앙 과제와 실천을 위한 합당한 역량 교육을 실천하고 있는가?
가정- 교회의 동역 네트워크 구축	7	나는 다음 세대 교육부의 핵심적인 목회 활동(예배, 성경공부, 수련회, 아웃리치, 부모 교육, 부모 기도회, 절기 활동 등)을 위해 부모 세대를 양육하는 교구목회자와 정기적인 나눔과 동역의 모임을 갖고 있는가?
	8	나는 가정과 교회가 연계하는 교육목회를 실천하기 위해서 아이들의 신앙 형성이 강력하게 일어나는 다양한 자리(예배, 수련회, 캠프, 아웃리치, 봉사활동 등)에 부모의 자리를 적극적으로 마련하고 교사로서의 역할을 실천할 수 있도록 돕고 있는가?
목회 DNA에 따른 부서 목회 평가	9	나는 정기적으로 '부서 내 모든 부모 세대가 각 가정 안에서 자신들의 자녀 세대를 향한 신앙 전수의 부르심과 사명을 기억하며 실천하고 있는가'를 평가하고 있는가?
	10	나는 부서 목회 평가를 통하여 발견한 평가 내용(예, 지속적으로 강화할 부분, 보완할 부분 등)을 교사들과 긴밀히 동역하여 부서 양육 커리큘럼 및 구체적인 목회 활동에 지속적으로 반영하여 실천하고 있는가?

자녀 마음에 하나님을 새기라

교사 매뉴얼 리부트

: 풀타임(full-time) 영적 아비가 돼라

가정과 교회가 연계하여 다음 세대에게 신앙을 전수하는 교육 목회에서 교사의 우선적 목양 대상은 교회학교 아이들뿐이 아니라, 그 아이의 가치관과 세계관에 절대적인 영향을 주는 가족과 부모가 되어야 합니다. 조금 더 정확히 말하면, 교사에게 맡겨진 다음 세대에게 신앙을 전수하기 위해 하나님이 함께 부르신 강력한 신앙교사가 바로 그 아이들의 부모님임을 인식해야 한다는 뜻입니다. 교사는 가정과 부모를 격려하여 아이들이 주일날 교회에서 들은 말씀을 주중에 기억하고, 삶에 적용하고 있는지 지속적으로 점검하고 살펴야 합니다.

한편, 가정에서 신앙적인 대화나 주일 들은 말씀에 대한 나눔이 무너져 있다면, 교사는 부모가 가정의 신앙교사로서 역할을 다하도록 다시 일으켜 세워야 합니다. 그리하여 일주일 168시간 중에 1시간만 신앙양육을 받는 1/168의 현실이 온전한 1로 변화되도록 도와야 합니다.

교사는 매주 혹은 매달 부서에서 나누는 말씀과 활동을 부모와 공유하고, 부모에게 신앙 지도를 위한 안내와 주중 과제를 제공함으로써 가정에서 주일에 배운 말씀이 실천되도록 도울 수 있습니다. 더 나아가 부모들에게 자녀의 인생 계절에 따른 합당한 양육을 위한 역량 교육을 실시할 수도 있습니다. 구체적으로 말하면, 자녀의 연령별 발달 이해, 성경적 대화법, 삶의 이슈에 대한 성경적 관점과 참고자료 등을 제공하는 것으로, 이 과정에서 부모는 물론 교사 자신이 다음 세대 양육을 위한 역량을 키울 수 있습니다.

만일 교사에게 맡겨진 교회학교 아이의 부모가 비신자이거나 영적·사회적·관계적 상황으로 인하여 가정에서 신앙교사의 역할을 감당하기 어려운 경우에는, 교사 자신이 아이에게 말씀과 기도를 가르치고 그들이 당면한 삶의 문제들을 성경적인 세계관으로 해석하고, 적용할 수 있도록 가르쳐야 합니다. 즉 교사 자신이 아이의 영적 아비가 되는 것입니다.

그런 의미에서 교회학교 교사는 더 이상 주일날 한두 시간 가르치는 파트타임 교사로 만족해선 안 됩니다. 바빠서 하루에 한두 시간밖에 자녀의 얼굴을 보지 못하는 부모라도 파트타임 부모는 없습니다. 마찬가지로 교사 역시 맡겨진 아이들의 일주일을 주목하며 말씀과 기도로 양육하는 풀타임(full-time) 교사가 되어야 합니다.

교사 매뉴얼 핵심 질문

- 나는 아이들 뿐만 아니라, 아이들의 가족과 부모까지 확대하여 목양하고 있는가?
- 나는 교회학교에서 진행하는 핵심적인 신앙교육의 내용들을 부모들에게 정기적으로 제공하여 교회와 가정이 연계된 신앙 생태계를 세워 가는가?
- 나는 아이들의 인생 계절에 따른 합당한 신앙 상담과 양육을 위한 역량 교육(혹은 관련 자료들)을 부모들에게 제공하고 있는가?
- 나는 양육하는 다음 세대가 비신자 부모의 자녀들인 경우 그들에 대한 주중 영적 아비의 역할을 감당하고 있는가?
- 나는 주일 파트타임(part-time) 교사가 아니라 전일 풀타임(full-time) 교사임을 기억하며 실천하고 있는가?

자녀 마음에 하나님을 새기라

- 나는 아이들을 가르치기 위한 준비와 양육을 넘어서 그들의 삶에 주목하고 있는가?
- 나는 아이들의 학교를 확장된 신앙양육의 현장으로 고려하며 아이들 각자에게 합당한 신앙적 권면과 실천사항을 제시하고 있는가?
- 나는 양육하는 아이들의 주중 영적 활동(말씀 묵상, 기도, 전도 등)에 대하여 긴밀히 확인하고 격려하며 지원하는가?
- 나는 동역하는 교사들과 부모들의 기도 제목을 정기적으로 업데이트하여 중보기도하고 있는가?
- 나는 양육하는 아이들을 정기적으로 심방하여 기도 제목을 듣고 중보하고 있는가?

☑ **교사 매뉴얼 체크리스트**(총 10문항, 질문당 10점 만점)

핵심 영역	구분	세부 매뉴얼 질문	점수
풀타임 교사 로서의 정체성	1	나는 교사로서 목양의 범위가 담당하는 아이들만이 아니라, 아이들의 신앙에 절대적인 영향을 미치는 부모와 가정 및 그들이 다니는 학교 등 삶의 영역에까지 확장되어야 함을 인식하고 있는가?	
	2	나는 반목회 교사로서 섬기는 교회의 목회 DNA를 기반으로 한 나만의 반목회 교사 사명문과 이를 구체화한 비전선언문을 가지고 있는가?	
	3	나는 주일날 반목회에서 실시하는 성경공부와 활동만이 아니라, 주중에도 가정에서 부모를 통한 신앙 전수가 지속적으로 일어날 수 있도록 영적 아비로서 역할해야 함을 인식하고 있는가?	
부모를 교사로 세우는	4	나는 교회학교에서 진행하는 핵심적인 신앙교육(예, 주일예배, 성경공부, 절기 교육, 수련회, 아웃리치 등)의 내용들을 부모들에게 정기적(매주, 매달, 분기별, 절기별, 연별 등)으로 제공하여 교회와 가정이 연계된 신앙 생태계를 세워 가는가?	

역량 있는 반목회	5	나는 반목회 교사로서 맡은 반 아이들의 모든 부모에게 제공해야 할 자녀 연령별(영유아기~청년기) 신앙 과제와 실천에 대한 전문적인 지식과 역량이 채워져 있는가?	
	6	나는 반목회 교사로서 내가 맡은 아이들의 인생 주기에 따른 핵심적인 신앙 과제와 삶의 이슈에 따른 합당한 신앙적 목회지침을 제공하기 위해 전문서적이나 강의를 통한 지속적인 연구와 배움에 도전하고 있는가?	
강력한 신앙 생태계를 세워 가는 반목회	7	나는 부서 양육이 아이들만이 아니라 부모 세대를 포함할 수 있도록 부서 내 핵심적인 목회 활동(예배, 성경공부, 수련회, 아웃리치, 부모 교육, 부모 기도회, 절기 활동 등)에 대한 피드백을 듣기 위해 학부모 모임을 정기적으로 갖고 있는가?	
	8	나는 맡은 반 아이들의 부모가 주중의 신앙교사로서 역할을 감당할 수 없는 상황일 때, 그들의 영적 아비(말씀 나눔, 중보기도, 성경적 세계관으로 삶의 문제 해석하고 격려하기 등)로서 역할을 하고 있는가?	
목회 DNA에 따른 부서 목회 평가	9	나는 정기적으로 반목회에 대한 평가를 하고 있으며, 지난 반목회를 통하여 반 아이들과 그들의 가정이 얼마나 반목회의 사명과 비전에 가까워졌는가를 평가하고 있는가? 이 내용을 부서 교육교역자 및 부모 그룹들과 나누고 있는가?	
	10	나는 반목회 교사로서 양육을 나 혼자 담당하는 '1대5' 교육 패러다임에서 양육자 5명(담임목사, 교구목회자, 교육교역자, 교사, 부모)이 학생 1명을 함께 동역하며 세워 가는 '5대1' 패러다임을 실천하고 있는가?	

자녀 마음에 하나님을 새기라

부모 매뉴얼 리부트
: 자녀의 정원사가 돼라

믿음의 부모는 자녀의 일생에 지혜롭고 신실한 정원사로 부름 받았습니다. 하나님이 자녀의 삶을 시작하시고, 생명을 공급하시고, 철을 따라 열매를 맺게 하시는 동안 정원사의 역할은 자녀가 자신에게 주어진 절기에 따라 잘 자라나도록 좋은 영적인 환경을 만들어 주는 것입니다. 자녀는 믿음의 가정에 심긴 나무와 같아서 하나님이 허락하시는 절기를 따라 성장하게 됩니다.

이때 지혜로운 정원사는 자신이 원하는 열매를 당장 보고자 결실의 계절을 미리 당겨 오려고 애쓰지 않습니다. 도리어 하나님이 자녀에게 주신 계절을 정직하고 겸손하게 분별하고 받아들여서 말씀과 기도로 인내하고 소망하며 그 계절에 합당한 정원사의 역할을 감당합니다. 즉 믿음의 부모는 자녀의 삶을 기계 부품 갈아치우듯 자기가 원하는 대로 조립하는 노련한 정비사가 아니라, 하나님의 형상을 따라 지음 받은 자녀가 하나님의 뜻대로 살아가도록 돕는 조력자이자 정원사입니다. 출산, 유아세례, 입학, 입교, 졸업, 진학, 군입대, 취업, 결혼, 이사, 임직 등 자녀의 인생 주기를 따라서 하나님이 준비하시고 역사하시는 성장의 사건들을 믿음으로 준비하고, 성실하게 참여하며, 기도와 사랑과 격려로 동행해야 하는 것입니다.

믿음의 부모가 신실한 정원사로서 하나님께 받은 사명은 자녀를 교회학교 예배 시간에 늦지 않게 데려다 주는 영적 배달부가 아니라, 세상을 하나님 나라로 세워 가는 제자 양육자(disciple-maker)입니다. 부모가 제자 양육자가 된다는 것은, 교회학교의 예배와 양육 프로그램에 적극적으로 협력하는 것을 넘어서 부모 자신이 가치관이나 생활방식, 신앙생활에서 자녀의 모범이 된다는 것을 의미합니다. 하나님의 말씀은 그 입술의 지식을 통해서가 아니라 삶의 고백을 통해서 보여지고 들려지는 것이기 때문입니다.

예수님은 2천 년 전에 아카데미를 세워 제자들을 양육하지 않으셨습니다. 단지 그들을 불러 더불어 살면서 하나님 나라를 삶으로 보여 주셨습니다. 믿음의 부모도 이와 같아야 합니다.

부모는 먼저 늘 은혜와 믿음을 구하며 하나님을 주인으로 모시는 삶을 살면서 내가 경험한 하나님과 하나님 나라를 자녀들에게 확신과 기쁨과 소망으로 전해 주어야 합니다. 이를 위해 자녀가 매주 교회학교에서 경험하는 예배와 성경공부, 절기 및 수련회 등의 신앙 경험을 가정 신앙교육의 커리큘럼으로 삼을 수 있습니다. 더불어 자녀가 인생 주기를 따라서 경험하는 세례식과 성찬식 등에서 신앙교사로서 참여할 수 있습니다.

부모가 자녀를 말씀으로 제자화하는 효과적인 교육법은 부모가 먼저 경험한 하나님을 자녀에게 인격적으로 전하는 것이라 생각합니다. 이때 부모의 신앙 고백은 하나님이 주신 은혜와 지혜로 하는 것이어서 자녀는 이를 지식이 아닌 진리로 받아들이게 됩니다. 이 과정에서 부모는 지시와 통제보다는 환대와 자유로, 조급함과 경

자녀 마음에 하나님을 새기라

쟁보다는 신뢰와 격려로 자녀를 대하게 되고, 결국 부모와 자녀의 신앙과 삶이 함께 성숙해집니다.

부모가 자녀에게 신앙 고백을 할 수 있는 가장 대표적인 현장은 가정예배입니다. 청교도 신학자 조엘 비키(Joel R. Beeke)는 "하나님께서 가정의 부모들에게 그들의 자녀들로 하여금 살아 계신 하나님을 예배하도록 인도하는 것은 의심할 바 없는 의무다"[132]라고 말했습니다. 가정예배를 통해 부모는 자신의 생각이 아닌 하나님의 뜻을 자녀와 함께 듣게 되고, 그에 따라 조급한 정비사가 아니라 신실한 정원사로 역할을 감당할 수 있습니다.

다시 말해 가정예배를 통해 자녀와 부모는 그들이 당면한 구체적인 삶의 이슈를 오직 하나님께 내어 드리고 하나님이 행하시는 일들을 함께 목도하게 됩니다. 이때 진정한 세대 통합의 신앙 전수가 이뤄집니다.

무거운 전함이 바다를 항해할 수 있는 이유는 전함을 떠받치는 부력이 전함의 무게보다 크기 때문입니다.[133] 무거운 삶의 문제들이 매일매일 우리를 고꾸라뜨리지만, 우리가 넘어지지 않는 까닭은 우리를 붙드시는 하나님의 강한 팔 때문입니다.

자녀는 가정예배를 통해 부모를 위해 기도하는 중보자가 될 수 있습니다. 이는 더 나아가 교회와 그들이 속한 공동체와 열방에까지 기도의 지평이 넓어지는 계기가 될 것입니다.

부모 매뉴얼 핵심 질문

- 나는 자녀를 나의 소유가 아닌 하나님의 자녀로 인식하고 있는가?
- 나는 자녀의 중요한 결정(학업, 진로, 직장, 위기 등) 앞에서도 회심한 부모인가?
- 나는 자녀의 삶을 당장 바꾸어 내는 정비사인가, 아니면 마침내 변화되도록 신실히 돕는 정원사인가?
- 나의 사명은 자녀를 교회학교에 데려다 주는 영적 배달부인가, 아니면 그들이 하나님 나라를 세우도록 하는 제자 양육자(disciple-maker)인가?
- 나는 자녀들이 교회학교에서 경험하는 신앙 경험들(예, 주일예배, 성경공부, 절기 교육, 수련회 등)을 가지고 집에서 함께 나누며 대화하는가?
- 나는 자녀들의 핵심적인 신앙교육 과정(예, 주일예배, 성경공부, 절기 교육, 수련회 등)을 적극적으로 중보하며 동역하는 신앙교사로 참여하고 있는가?
- 나의 주된 신앙교육의 방법은 지식과 교리를 확인하는 전달식 교육인가? 아니면 먼저 깨달은 진리와 은혜를 나누는 고백식 교육인가?
- 나는 정기적으로 자녀와 함께 가정예배를 드리고 있는가?
- 나는 정기적으로 자녀들의 고민과 기도 제목을 듣고 있으며 합당한 신앙적 권면과 실천 사항을 제시하고 있는가?
- 나는 자녀들의 주중 영적 활동(말씀 묵상, 기도, 전도 등)에 대하여 긴밀히 확인하고 격려하며 친절한 안내와 지원을 제공하는가?
- 나는 우리 가정을 목양하는 교구목회자와 자녀를 맡은 교사와 부서 교육교역자와 정기적으로 자녀의 기도 제목을 나누며, 필요한 목양적 요청을 하고 있는가?

☑ 부모 매뉴얼 체크리스트 (총 20문항, 질문당 5점 만점)

핵심 영역	구분	세부 매뉴얼 질문	점수
가정의 신앙교사 로서의 정체성	1	나는 나의 자녀가 내 소유가 아닌 하나님의 자녀임을 인정하며, 자녀의 중요한 결정(학업, 진로, 직장, 위기 등) 앞에서도 회심한 부모인가?	

2	나는 믿음의 부모로서 자녀의 삶을 당장 제련하는 정비사가 아니라 하나님의 뜻대로 자녀의 삶을 세워 주고 변화시켜 나가는 신실한 정원사임을 인식하고 있는가?	
3	우리 가정에는 교회의 목회 DNA를 기반으로 한 가정 사명문과 이를 구체화한 가정 비전선언문을 가지고 있는가? 이를 가족이 모두 기억하고 있는가?	
4	나는 가정의 신앙교사의 사명이 자녀를 교회학교에 데려다주는 영적 배달부로서가 아니라 세상 속에서 하나님 나라를 세우는 제자로 양육하는 제자 양육자(disciple-maker)임을 인식하고 있는가?	
5	나는 자녀의 신앙양육이 교회학교에서 실시하는 예배와 성경공부와 활동만이 아니라 주중에 가정 안에서 지속적으로 강력하게 일어나야 함을 인식하고 있는가?	
6	나는 나의 자녀가 교회학교를 통하여 참여하는 신앙양육의 현장(주일예배, 성경공부, 절기 활동, 수련회, 캠프, 봉사활동, 리더 훈련 등)에 늘 우선순위를 두고 신앙교사로서 동역하는 것이 무엇인지 인식하고 있는가?	
말씀과 삶으로 실천하는 자녀	7	나는 자녀의 인생 주기에 따른 중요한 성장의 사건들(출산, 유아세례, 입학, 입교, 졸업, 진학, 성인식, 군입대, 취업, 결혼, 이사, 임직 등)마다 그들에게 인생 계절에 합당한 영적 지도와 격려와 지원을 신실히 제공하고 있는가?	
	8	나는 교회학교의 예배와 양육 프로그램에 적극적으로 협력하는 제자양육 지원자를 넘어서 가정에서 정기적으로 하나님 나라의 말씀과 가치와 삶의 방식을 전하고 가르치는 제자양육자로서 살아가고 있는가?	

	9	나는 가정의 신앙교사로서 자녀들의 연령에 따른 핵심적인 신앙 과제 및 삶의 이슈에 따른 합당한 신앙적 양육을 위해 전문서적이나 강의를 통하여 지속적인 연구와 배움의 과정을 걸어가고 있는가?	
	10	나는 가정의 신앙교사로서 자녀들의 인생 주기(영유아기~청년기)에 따른 핵심적인 신앙 과제와 실천(연령별 발달 이해, 성경적 대화법, 삶의 이슈에 대한 성경적 관점 등)을 위하여 성서적이고 복음적인 자녀양육 기준을 가지고 있는가?	
제자화 사역	11	나는 자녀들의 삶의 이슈를 다양한 목양적 통로(심방, 상담, 학부모회의, 부모초청예배, 부모기도회 등)를 통하여 교회학교 교육교역자 및 담당교사와 정기적 혹은 비정기적으로 나누는 것은 물론 적극적인 목회적 안내 및 지도를 받고 있는가?	
	12	나는 자녀들이 교회학교에서 경험하는 신앙 경험들(예, 주일예배, 성경공부, 절기 교육, 수련회 등)을 집에서 정기적으로 함께 나누며 대화하고 있는가?	
	13	나는 자녀들이 참여하는 교회학교의 핵심적인 신앙교육 과정(예, 주일예배, 성경공부, 절기 교육, 수련회 등)에 적극적으로 중보하고 동역하고 있는가? 나아가 교회에서 초청하는 믿음의 부모들의 헌신 자리에 신앙교사로서 적극적으로 참여하고 있는가?	
가정 예배를 통한 매일의 강력한 신앙양육	14	나는 정기적으로 자녀와 함께 가정예배를 드리고 있으며, 자녀는 가정예배를 통해 구체적인 삶의 이슈를 정직하게 나누고, 말씀 안에서 새롭게 해석하며, 믿음으로 응답되는 것을 경험하고 있는가?	

자녀 마음에 하나님을 새기라

	15	합당한 가정예배에 요청되는 성서적이고 예전적이며 교육적인 역량(자녀 연령별 가정예배 인도법, 기독 가정 문화 세우기, 성경적 자녀 대화법, 가정예배와 말씀 묵상 등)을 채우기 위해 노력하고 있는가?
	16	가정예배는 부모의 생각과 기준을 전하는 가족 모임이 아니라, 오직 하나님만이 말씀하시고 부모와 자녀 모두 하나님의 자녀로서 주신 말씀 안에서 다시금 언약을 기억하고 소망하며 감사하는 자리인가?
가정 사명문과 비전 선언문에 따른 가정 신앙 양육 평가	17	나는 자녀가 세상을 따라가지 않고 도리어 세상을 이끌어 가는 강력한 신앙적 문화와 성경적 세계관을 가질 수 있도록 의도적으로 양육하고 대화하고 있는가?
	18	나는 정기적으로 자녀의 신앙교육에 대한 평가를 하고 있으며, 지난 삶을 통하여 가정 사명문과 비전선언문에 가까워졌는지를 평가하고 있는가? 이 내용을 가족들과 정기적으로 나누고 있는가?
	19	자녀 세대 신앙 전수의 가장 강력한 자리 중 하나인 가정예배가 종교적 숙제가 아닌 말씀 안에서 기쁨과 격려와 소망을 누리는 자리가 되고 있는가?
	20	나는 자녀의 신앙양육이 교회학교 교사 혼자 담당하는 '1대 5' 교육 패러다임이 아닌 '5대1' 교육 패러다임으로 실천되도록 영적 동역을 하고 있는가?
	21	나는 자녀 신앙양육에 대한 평가를 통하여 발견한 내용(예, 지속적으로 강화할 부분, 보완할 부분 등)을 가족들과 나누며 이를 반영한 새로운 삶의 걸음을 가족들과 함께 실천하고 있는가?

교구목회자 매뉴얼 리부트
: 하나님의 정원을 기경하라

교회가 성인 교육과 다음 세대 교육이 분리된 양육 구조로부터 가정과 교회가 연계하여 다음 세대에게 신앙을 전수하는 통합적 교육목회로 전환할 때, 가장 많은 변화를 경험하게 되는 그룹 중 하나가 바로 교구목회자 그룹입니다. 가장 큰 변화는 '지역 기반의 교구'를 '자녀 연령 기반의 교구'로 변환하는 것으로서,[134] 이에 따라 교구목회자는 아래와 같이 자신의 사역 목표와 내용, 방법, 전략을 변환할 필요가 있습니다.

구분	지역 기반 교구	자녀 연령 기반 교구
교구 · 목양 목표 ·	성인 교육 (교회의 좋은 일꾼 세우기)	성인+다음 세대 교육 (교회와 가정, 세상에서 사명받은 제자로 세우기)
	가정에 대한 영적 지도	가정에 대한 영적 지도 +부모 교육
교구 · 양육 내용 ·	'종교 교수 중심' 양육	'현장 역량 중심' 양육
교구 · 양육 방법 ·	주로 강의식 혹은 지식 전달식 교육	다양한 역량 구비를 위한 교육 (귀납식 신앙 토론, 워크숍 및 그룹 토의, 코칭식 멘토링, 기도회, 필드 트립 등)
교구 · 양육 전략 ·	성인 회중 교구장 제도	교구-교회학교 연계팀 제도

자녀 연령 기반 교구로 변화하는 데 따른 교구목회자 사역 변화[135]

　　　　　　　　　　　　자녀 마음에 하나님을 새기라

따라서 교구목회자는 자신의 정체성을 성인 목회 교역자(adult ministry)에서 전 세대 목회 교역자(generational ministry)로 재설정해야 합니다. 이 같은 정체성의 변화는 교구 안에서 교구목회자로서 섬겨야 할 사역 내용의 변화를 요청합니다.

먼저, 교구 사역을 통해 모든 가정이 다음 세대 신앙 전수의 현장이 되도록 도와야 합니다. 둘째, 교회학교와 긴밀히 동역하여 주일 교회학교와 주중 가정신앙학교가 연계되게 하고, 셋째, 부모에게 자녀의 신앙교사로 세우기 위한 다양한 역량 훈련을 해야 합니다. 이를 위해 교구목회자는 자신이 담당하는 교구의 부모 세대에게 자녀의 인생 주기에 따른 신앙적, 연령적, 교육적, 문화적, 목회적 이슈에 대한 합당한 성경적 세계관과 목회적 안내를 제공해야 합니다.

이에 앞서 교구목회자 자신이 자녀 세대 인생 주기에 따른 핵심적인 신앙 과제와 실천을 위한 전문적인 역량을 길러야 할 것입니다. 뿐만 아니라 다음 세대 교역자들과 보다 긴밀하게 목회(예배, 제자훈련, 성경공부, 절기 교육, 상담, 심방 등)적 동역을 함으로써 지속적으로 교회와 가정에서 신앙 전수의 사건이 일어나도록 도와야 합니다.

한편, 교구목회자는 믿음의 부모 세대가 하나님 나라의 제자로서 각자의 일터에서 선한 영향력을 끼치며 구별된 삶을 살아가도록 그들의 역량을 길러 주는 데 힘써야 합니다. 기존의 교구목회는 교회의 좋은 일꾼을 세우는 데 주안점이 있었다면, 전 세대 양육 목회에서는 부모 세대를 다음 세대 신앙 전수의 책임자로서 역량을 키울 뿐 아니라 일터에서 사명자로 살아가도록 돕는 양육까지를 포함해야 합니다. 이는 부모 세대가 그들의 일상과 일터를 하나님이 부르신 구체적인 소명과 응답의 자리로 인식하고 살아갈 때, 신앙은 더 이상 삶과 분리된 종교가 아니라 세상에 맞서 살아가는 강력한 힘이 된다는 것을 자녀 세대에게 모범으로 보여 줄 수 있기 때문입니다.

이를 위해 교구목회자는 부모 세대에게 일터와 소명, 재정과 분배, 분별된 삶 등을 위한 성경적이고 신학적인 기준을 제공해야 할 것입니다. 더불어 교육교역자들과 동역하여 다음 세대가 믿음 안에서 자신의 비전과 진로를 찾아가도록 소명 교육을 제공해야 할 것입니다.

교구목회자 매뉴얼 핵심 질문

- 나의 정체성은 성인 목회자인가, 전 세대 목회자인가?
- 나의 사역은 교구의 모든 가정이 다음 세대 신앙 전수의 현장이 되도록 돕고 있는가?
- 나는 교구 회중에게 가정의 신앙교사로 섬기기 위한 역량을 합당히 채워 주고 있는가?
- 나는 자녀 세대 인생 주기에 따른 핵심적인 신앙 과제와 실천에 대한 전문적 역량을 기르고 있는가?
- 나는 다음 세대 교역자들과 보다 긴밀하게 목회적 동역을 하고 있는가?
- 나는 교구 부모 세대가 자신의 일터를 하나님이 부르신 구체적인 소명의 자리로 인식하고 응답하며 살아가도록 돕고 있는가?

☑ 교구목회자 매뉴얼 체크리스트(총 10문항, 질문당 10점 만점)

핵심 영역	구분	세부 매뉴얼 질문	점수
전 세대 목회자 로서의 정체성	1	나는 교구목회자로서 주된 사명을 부모 세대를 양육하는 성인 세대 목회만이 아닌 교구 안의 모든 세대를 목양하는 전 세대 목회자로서 인식하고 있는가?	
	2	나는 성인 양육의 목표가 교회의 좋은 일꾼을 세우는 것만이 아닌, 그들이 가정과 세상에서 부름받은 제자로 살아가도록 양육하는 것임을 인식하고 있는가?	
	3	나는 섬기는 교회의 목회 DNA를 기반으로 한 나만의 교구목회자 사명문과 이를 구체화한 비전선언문을 가지고 있는가?	
역량있는 부모세대를 세우는 교구양육	4	나는 교구 양육의 현장(심방, 예배, 설교, 중보기도, 리더 훈련 등)에서 부모 세대 회중이 자녀 세대를 향한 신앙 전수의 부르심과 사명을 기억하며 실천할 수 있도록 정기적으로 그리고 일관되게 선포하고 있는가?	
	5	나는 교구의 모든 부모 세대에게 그들이 가정의 신앙교사로서 자녀 세대 인생 주기에 따른 핵심적인 신앙 과제와 실천을 실행할 수 있도록 정기적(분기별, 절기별, 연별 등)으로 역량 교육을 제공하고 있는가?	
	6	나는 교구의 모든 성인 세대가 자신의 일터를 하나님이 부르신 구체적인 소명의 자리로 인식하고 응답하며 살아가도록 그에 합당한 역량 교육을 제공하고 있는가?	

교구 - 교회 학교의 동역 전략	7	우리 교회는 교구목회자와 교육교역자가 각자 실시한 심방 및 중요한 목회적 정보를 함께 공유하여 상호지원할 수 있는 목양 행정 시스템이 갖추어져 있는가?
	8	나는 교구 내 다음 세대가 참여하는 핵심적인 신앙양육 활동(주일 사역, 절기 사역, 수련회와 아웃리치 등)을 정기적으로 확인하는 동시에 그것에 직접(설교, 방문, 부모 교육 등) 혹은 간접적(중보기도, 홍보 및 다음 세대 참여 격려 등)으로 참여하고 있는가?
목회 DNA에 따른 교구목회 평가	9	나는 정기적으로 '교구 내 모든 회중이 가정에서 자녀 세대를 향한 신앙 전수의 부르심과 사명을 기억하며 실천하고 있는가'를 평가하고 있는가?
	10	나는 교구목회 평가를 통하여 발견한 평가 내용(예, 지속적으로 강화할 부분, 보완할 부분 등)을 교구 양육 커리큘럼 및 구체적인 목회 활동에 반영하여 실천하고 있는가?

교육총괄목회자 매뉴얼 리부트
: 신앙양육의 허브가 돼라

한국 교회는 대체로 다음 세대 양육의 전반적인 커리큘럼을 점검하고 개정하며 평가하는 교육총괄목회자가 따로 세워져 있지 않습니다. 많은 경우 담임목사나 교구목회자, 청년부서 담당목회자나 혹은 교회학교 교역자가 교육총괄목회자의 역할을 겸직으로 섬기고 있습니다. 혹은 이러한 역할을 감당하는 교역자가 교회 안에

자녀 마음에 하나님을 새기라

전혀 없을 경우, 교회 내 부서 교역자들이 다른 부서의 커리큘럼과 상관없이 독립적으로 양육을 진행합니다.

교회의 규모나 형편에 따라서 교육총괄 목사를 따로 세울 수도 있고 아닐 수도 있지만, 중요한 것은 교회가 하나님께로부터 받은 사명과 비전과 핵심가치 위에서 일관되고 체계적인 교육목회 커리큘럼이 지속적으로 실천되고 있는지를 확인하고 점검하는 것입니다.

담임목사는 본질적으로 교회 전반의 목양을 담당하게 됩니다. 하지만 교회의 규모와 사역의 범위가 커서 담임목사 혼자 이를 감당할 수 없는 경우, 회중의 연령별, 사역별, 부서별 커리큘럼과 이를 반영한 프로그램을 진행하고 평가하고 개정하는 목회자를 따로 세울 필요가 있습니다.

교육총괄목회자의 핵심 사역은 신앙교육의 허브 역할을 하는 것입니다. 양 떼를 목적지(사명과 비전)로 이끌고 가는 것이 담임목사의 역할이라면, 양 떼의 옆과 뒤 혹은 무리 안으로 들어가 모든 양이 목자를 따라 안전하게 가고 있는지 확인하고 안내하고 효율적으로 지원하는 것이 교육총괄목회자의 역할입니다.

가정-교회 연계 신앙 전수 교육목회 패러다임에서 교육총괄목회자에게 요청되는 것은, 먼저 자신에게 주어진 사역의 범위를 다음 세대로부터 온 회중으로 재설정하는 것입니다. 성인 교육과 다음 세대 교육이 분리된 교회에서는 교육총괄목회자의 사역 범위가 기껏해야 다음 세대로 불리는 미취학 부서부터 청년 부서까지에 한정하지만, 새로운 패러다임에서는 교회 안의 모든 연령과 부서가 사명과 비전을 공유하며 나아가야 하기에 그 사역의 범위는 마땅히 부모 세대와 다음 세대까지로 확장되어야 합니다.

이를 위해 교육총괄목회자는 모든 부서가 같은 부르심 앞에서 협력할 수 있도록 하는 행정가로서의 역할과 그들이 목적에 합당한 양육을 받고 있는지 확인하고 지원하는 교육가의 역할을 동시에 수행해야 합니다. 이 두 가지 역할은 전진하는 자전거의 두 바퀴처럼 서로 구분되나 결코 분리될 수 없는 상호 동역의 자리입니다.

교육총괄목회자는 각 부서가 공동 사명과 비전을 향해 가는 데 있어 행정적으로 필요한 인적·물적 자원을 조직적으로 지원하고,[136] 동시에 교육 목표를 이루기 위한 효율적인 교육 전략과 방법을 시행하고 평가하게 됩니다. 이때 지원하고 평가하는 이 두 가지 영역이 만나는 자리가 바로 온 회중이 함께 참여하는 양육 커리큘럼과 프로그램입니다. 따라서 교육총괄목회자는 현재 실행되고 있는 커리큘럼과 프로그램을 정기적으로 점검하고 분석하되, 온 회중이 교회의 사명과 비전에 합당하게 참여하고 성장할 수 있도록 행정적이고 교육적인 지원을 제공해야 합니다.

가정과 교회에서 하나님의 제자를 길러 내는 교육목회적 관점으로 볼 때, 한국 교회의 가장 긴급하고도 현실적인 문제는, 부모 세대를 위한 자녀 세대의 인생 주기별 핵심 신앙 경험을 위한 이해와 실천 매뉴얼이 현저히 부족하다는 것입니다. 따라서 교육총괄목회자는 다음 세대 신앙 전수의 사명과 비전에 핵심적으로 참여하는 교구목회자, 교육교역자, 평신도 리더와 교사, 부모 그룹에게

자녀 마음에 하나님을 새기라

필요한 역량을 그들의 신앙적, 연령적, 문화적 상황에 맞게 지속적으로 공급해야 합니다. 특히 교회학교 교사는 영적 아비이며, 부모는 가정의 신앙교사임을 분명히 하고, 이들 교사 그룹과 부모 그룹을 교회와 가정에서 구조화하고 문화화해야 합니다.

이를 위하여 교회의 전체 양육 커리큘럼을 시의적절하게 창의적이고 효율적으로 프로그램화할 필요가 있습니다. 예를 들어, 기존의 양육 프로그램인 새신자 교육, 제직 교육, 리더 교육, 항존직 교육, 팀별 교육 등을 워크숍 형태로 개발하고 발전시켜 회중이 가정과 일터의 사명자로서 역량을 강화할 수 있도록 하는 것입니다.

이와 함께 교육총괄목회자는 부모의 가정 신앙교사됨을 위한 부모대학, 주중에 자녀들을 위한 기도의 자리인 자녀축복기도회, 다음 세대가 부모 세대를 위해 기도하는 부모축복기도회, 부모와 전문가가 함께 참여하는 자녀신앙 리더훈련, 인생 주기별 자녀와의 신앙대화학교, 성인 회중의 인생 주기에 따른 인생계절학교, 일터사역학교, 자녀가 당면한 삶의 이슈를 다루는 기독교변증학교 등으로 양육 지평을 넓혀 나갈 수 있습니다.

한편, 교육총괄목회자는 부모 세대의 자녀를 향한 신앙 전수에 대한 이해와 상황을 정기적으로 확인할 필요가 있습니다. 교육총괄목회자는 이 책의 부록인 '다음 세대 신앙양육에 대한 부모 세대 의식조사 질문지'를 활용하여 보다 창의적이고 현장 반영적인 부모 역량 교육을 실천할 수 있습니다.

교육총괄목회자 매뉴얼 핵심 질문

- 나의 사역 범위는 다음 세대 양육만이 아니라 온 세대 양육으로 재설정되어 있는가?
- 나의 사역은 행정가와 교육가의 두 정체성을 모두 반영하여 실천하고 있는가?
- 나는 신앙양육에 참여하는 부모 세대에게 필요한 전문적인 역량을 지속적으로 제공하고 있는가?
- 교회에서 진행하는 부모 역량 교육이 정기적인 성인 양육 커리큘럼에 포함되어 있는가?
- 우리 교회에서 진행하는 양육 훈련은 수료·확인 교육인가, 사명·역량 교육인가?
- 우리 교회에 교회학교 교사와 가정의 신앙교사, 두 그룹이 세워지도록 돕고 있는가?
- 나는 교회의 양육 구조가 교회학교 중심이 아니라 전일 신앙 공동체 중심이 되도록 돕고 있는가?

☑ 교육총괄목회자 매뉴얼 체크리스트(총 10문항, 질문당 10점 만점)

핵심 영역	구분	세부 매뉴얼 질문	점수
온 세대 양육자 로서의 정체성	1	나는 교육총괄목회자의 주된 사명을 다음 세대를 양육하는 교회학교 목회만이 아닌 교회의 모든 세대를 양육하는 온 세대 양육자로서 인식하고 있는가?	
	2	나는 교회가 하나님으로부터 부여받은 사명과 비전에 기반한 양육 커리큘럼과 전략이 어린이로부터 성인에 이르기까지 모든 세대에 연령 연계적으로 세워지고 실천되고 있는지 정기적으로 확인하고 평가하고 개정하고 있는가?	
	3	나는 교육총괄목회자로서 요청되는 행정가(인적·물적·행정적 지원)와 교육가(교육적 연구와 양육, 평가)의 두 가지 역할을 균형적으로 감당하고 있는가?	
역량 있는 양육자들을	4	나는 교회의 모든 회중에게 부모 세대는 가정의 신앙교사요, 교회학교 교사는 교회의 영적 아비가 되어야 함을 나에게 주어진 사역의 현장(설교, 리더 훈련, 교사 교육, 부모 교육, 온세대 예배 등)에서 정기적이고 일관되게 선포하고 있는가?	

세워 가는 연구와 실천	5	나는 교회의 모든 부모 세대가 자녀의 연령적, 신앙적, 교육적, 문화적, 사회문화 이슈에 대해 성경적으로 대응하도록 평신도 리더 그룹, 부모 그룹, 교사 그룹에 정기적(분기별, 절기별, 연별 등)으로 역량 교육을 제공하고 있는가?
	6	나는 교회의 성인 양육 커리큘럼인 새신자 교육, 제직 교육, 리더 교육, 항존직 교육, 팀별 교육 등에 가정과 일터에서 신앙교사와 사명자로서의 역량을 지속적으로 강화시키는 교육이 포함되어 있는지 정기적으로 확인하고 개정하고 있는가?
온 교회가 참여하는 가정과 교회의 신앙 전수 네트워크 구축	7	나는 교육총괄목회자로서 다음 세대 신앙 전수의 사명과 비전에 핵심적으로 참여하는 교구목회자, 교육교역자, 평신도 리더와 교사, 부모 그룹과 정기적인 목회 나눔과 조정의 시간을 갖고 있는가?
	8	나는 정기적(월별, 분기별, 절기별, 연별 등)으로 온 교회가 함께 훈련받고 참여하여 교회의 공통적인 사명과 비전을 구현하는 온 교회 목회 프로젝트를 지속적으로 연구하고, 실천하고, 평가하고, 개정하고 있는가?
목회 DNA에 따른 양육 평가	9	나는 정기적으로 모든 세대의 양육에 대한 평가를 시행하고 있으며, 지난 목회 활동을 통하여 온 회중이 얼마나 교구 사명과 비전에 가까워졌는가를 평가하고 있는지를 교역자 그룹 및 평신도 리더 그룹들과 나누고 있는가?
	10	나는 목회 평가를 통하여 발견한 평가 내용(예, 지속적으로 강화할 부분, 보완할 부분 등)을 교회 전체 양육 커리큘럼 및 세부적인 부서 양육 커리큘럼에 반영하여 실천하고 있는가?

다음 세대 신앙양육에 대한 부모 세대 의식조사 질문지

영역		세부 질문	평가점수					
			5	4	3	2	1	0
신앙 교사 정체성	1	우리 가정에는 가족 모두가 기억하는 신앙 가훈(혹은 신앙 사명문)이 있다.						
	2	나는 자녀의 신앙양육의 우선적 책임이 교회학교가 아니라 부모에게 있다고 생각한다.						
	3	나는 자녀 양육에 있어서 언제나 신앙생활과 주일 성수에 우선순위를 두고 양육한다.						
	4	나는 자녀의 중요한 삶의 문제(학업, 진학, 직장, 결혼 등)에서도 늘 신앙과 하나님을 우선순위에 두고 양육한다.						
	5	나는 자녀의 중요한 신앙적 양육 현장(주일예배, 성경공부, 절기 활동, 수련회, 캠프, 봉사활동, 리더 훈련 등)마다 수동적 신앙위탁자가 아닌 적극적 제자 양육자로서 동역해야 한다고 생각한다.						
가정 신앙 교사로서 역량	6	나는 하나님과 기독교의 기본 개념들(구원, 회심, 성경, 기도, 예배, 제자도 등)에 대하여 자녀에게 설명할 수 있다.						
	7	나는 자녀의 인생 주기(영유아기, 아동기, 청소년기, 청년기 등)에 따른 연령별 특징을 이해하고 있다.						
	8	나는 자녀의 인생 주기(영유아기, 아동기, 청소년기, 청년기 등)에 따른 연령별 핵심 신앙 과제와 실천사항에 대하여 알고 있다.						
	9	나는 자녀의 인생 주기(영유아기, 아동기, 청소년기, 청년기 등)에 따른 연령별 신앙 지도와 대화 방법에 대하여 알고 있으며, 이를 가정에서 실천하고 있다.						
	10	나는 우리 가족, 특히 자녀의 연령적, 신앙적 수준을 고려하여 가정예배를 준비하고 인도할 수 있다.						

자녀 마음에 하나님을 새기라

영역		세부 질문	평가점수					
			5	4	3	2	1	0
교회와 동역 관계	11	나는 자녀를 담당하는 교회학교 교사(혹은 교역자)와 정기적으로 자녀의 삶과 기도 제목을 나누고 있다.						
	12	나는 교회와 교회학교, 담당 교역자와 교사를 위해서 정기적으로 중보기도하고 있다.						
	13	나는 자녀들이 참여하는 교회학교의 핵심적인 신앙 교육 과정(예, 주일예배, 성경공부, 절기 교육, 수련회 등)에 중보기도로 함께 동역하고 있다.						
	14	나는 자녀의 인생 주기에 따른 중요한 성장의 사건들(출산, 유아세례, 입학, 진급, 입교, 졸업, 진학, 성인식, 군입대, 취업, 결혼, 이사, 임직 등)마다 가정의 신앙교사로서 합당한 영적 지도와 격려와 지원을 제공하고 있다.						
가정 신앙 교사로서 실천	15	나는 가정 안에서 정기적(매일, 매주, 매월 등)으로 자녀와 함께 소리 내어 성경을 읽거나 기도하고 있다.						
	16	나는 가정 안에서 정기적(매일, 매주, 매월 등)으로 자녀가 당면한 삶의 문제에 대하여 신앙적으로 대화하고 적절하게 영적인 지도를 하고 있다.						
	17	우리 가족은 정기적(매일 혹은 매주)으로 가정예배를 드리고 있다.						
	18	나는 자녀들이 교회학교에서 경험하는 신앙 경험들(주일예배, 성경공부, 절기 교육, 수련회 등)을 집에서 정기적으로 함께 나누며 대화한다.						
	19	우리 가족은 정기적(매주, 매달, 절기별)으로 가족 모두가 참여하는 예배나 기도회나 봉사 현장이 있다.						
	20	나는 자녀의 신앙 상태를 부지런히 확인하고 합당하게 응답(격려, 안내, 교육, 중보기도 등)하고 있다.						
총계		점수 :						

주

1 곽안련,《목사지법》(京城: 朝鮮耶蘇教書會, 1919), 269.

2 이와 관련된 자료는 다음의 문헌들을 참고하라. John Westerhoff III, *Bringing Up Children in the Christian Faith*, 이숙종 옮김,《기독교 신앙과 자녀교육》(서울: 대한기독교서회, 1991), 107; 임한영 외 3인,《교육사상가백선》(서울: 서울대학교 출판부, 1967), 290; Martin Luther, *Tischreden*, 지원용 옮김,《탁상담화》(서울: 대한기독교서회, 1963), 322-323; John Calvin, *Institutio Christianae religionis*, 문병호 옮김,《기독교강요》(서울: 생명의말씀사, 2009), 193; James Alexander, *Thoughts on Family Worship*, 임종원 옮김,《가정예배는 복의 근원입니다》(서울: 미션월드라이브러리, 2003), 20 ; Jonathan Edwards, "Thoughts on the Revival of Religion in the New England," *The Works of Jonathan Edwards*, Volume 1 (Peabody: Hendrickson Publishers, 1998), 419-420 ; 고사죽, "가정예배", 성경잡지 제1권 1호 (조선야소교서회, 1918), 1.

3 https://d6family.com/d6curriculum/about/ [2019. 3. 1. 접속]

4 http://www.cts.tv/news/view_card?dpid=245215 [2019.2.25 접속]

5 론 헌터,《D6 DNA: 세대 간 신앙 계승을 위한 나침반》, 박금주 · 김치남 옮김 (서울: D6교육연구원, 2015), 38.

6 위의 책, 94.

7 위의 책, 106.

8 위의 책, 131.

9 위의 책, 162-163.

10 Jack O Balswick, Judith K. Balswick, *The Family: A Christian Perspective on the Contemporary Home* (Grandrapids, MI: Baker Academic, 2014), 112. 잭 볼스윅은 자녀를 대하는 부모의 유형을 자녀의 복종과 완벽함을 요구하는 독재적(authoritarian) 유형, 통제가 낮고 지나친 지원을 강조하는 허용적(permissive) 유형, 통제와 지원이 모두 낮은 방임적(neglectful) 유형, 지원과 통제가 모두 높으며 합리적인 지도와 관계적인 양육을 제공하는 권위주의적(authoritative) 유형으로 분류한다. 볼스윅은 이 네 가지 유형 중 권위주의적 유형으로 자녀를 양육할 것을 권면한다.

11 E. Erikson, *Childhood and Society* (New York: W. W. Norton & Company, 1963), 247

12 Janet Gaukroger, *Sharing Jesus With Under Fives* (Nottingham, UK: Crossway Books, 1994), 89.

13 양금희,《기독교유아아동교육》(서울: 한기독교서회, 2011), 360-361.

14 Erikson, *Childhood and Society*, 255-256.

15 김여희, "정서가 기억 과정에 미치는 영향에 대한 뇌과학적 해석과 교육적 시사점" (서울: 서울교육대학교 미간행 석사학위논문, 2010), 35. 장기 기억의 형성 과정에서 지식의 기억과

감정의 기억이 긴밀하고도 효과적인 관계가 있는 것에 대한 뇌과학적 연구는 장기 기억의 중요한 역할을 감당하는 측두엽의 변연계 안에 있는 해마(hippocampus, 주로 언어와 의식적 기억을 담당)와 편도(amygdala, 주로 감정과 무의식적 기억을 담당하는) 간의 상호연계적인 관계와 활동이 큰 영향을 주고 있음을 설명한다.

16 Carol Garhart Mooney, *Theories of Childhood: An Introduction to Dewey, Montessori, Erikson, Piaget & Vygotsky* (St. Paul: Redleaf Press, 2000), 81.

17 Kenda Creasy Dean, *OMG: A Youth Ministry Handbook* (Nashville, TN: Abingdon, 2010), 68-74.

18 http://parentministry.net/podcast/episode-017-what-the-gospel-demands-of-parentswith-sam-luce/. 샘 루스(Sam Luce)는 2014년 6월 3일 복음적 부모됨을 기술한 윌리엄 파레이(William Farley)의 책에 대한 인터뷰에서 위와 같은 이야기를 전하였음. 론 헌터, 《D6 DNA》, 158에서 재인용.

19 한국갤럽조사연구소, 《한국인의 종교 1984-2014》 (서울: 한국갤럽조사연구소, 2015)

20 박봉수, "다른 세대가 일어나는가?," http://www.pckworld.com/news/articleView.html?idxno=73105 [2019.2.27. 접속]

21 http://www.pckworld.com/article.php?aid=7216295810. [2019.4.15. 접속]

22 http://new.pck.or.kr/bbs/board.php?bo_table=SM01_05&wr_id=1 [2019.2.27. 접속]

23 John Westerhoff III, *Will Our Children Have Faith?* (New York: Morehouse Publishing, 2012), 2.

24 https://4to14window.com/movement-profile/history-milestones/ [2019.4.15. 접속]

25 남정우, "미전도세대 선교 개념 개발을 위한 소고", 《선교와 신학》 26권 (2010.8.), 282

26 고원석 외, 《다음 세대에 생명을 불어넣는 기독교교육》 (서울: 장로회신학대학교 기독교교육연구원, 2016), 36-37.

27 노희태, "신앙 공동체의 양육 태도가 청소년 신앙 정체성에 미치는 영향" (서울: 장로회신학대학교 미간행 석사학위논문, 2016), 66.

28 Mark Holmen, *Church Plus Home: The Proven Formula for Building Lifelong Faith* (Ventura, CA: Regal, 2010), 30-31.

29 Timothy P. Jones, *Family Ministry Field Guide How Your Church Can Equip Parents to Make Disciple* (Indianapolis: Wesleyan Publishing House, 2014), 25.

30 론 헌터, 《D6 DNA》, 92.

31 Bruce Wilkinson, *Experiencing Spiritual Breakthroughs: The Powerful Principle of the Three Chairs*, 전의우 옮김, 《영적 도약의 경험》 (서울: 규장, 2001), 32-34.

32 http://kostat.go.kr/portal/korea/kor_nw/1/2/1/index.board?bmode=read&aSeq=373361 [2019.3.14. 접속]

33 http://kostat.go.kr/portal/korea/kor_nw/3/index.board?bmode=read&bSeq=&aSeq=367387 &pageNo=1&rowNum=10&navCount=10&currPg=&sTarget=title&sTxt [2019.3.14. 접속]

34 박상진, "교회교육 컨설팅의 원리",《교회교육》 통권 442 (2015. 3), 18.

35 http://index.go.kr/potal/stts/idxMain/selectPoSttsIdxMainPrint.do?idx_cd=2776&board_cd=INDX_001 [2019.3.14. 접속]

36 http://www.mogef.go.kr/nw/enw/nw_enw_s001d.do?mid=mda700&bbtSn=706070 [2019.3.14. 접속]

37 장흥길 외,《울림 세대여 일어나서 함께 가자》(서울: 한국 교회지도자센터, 2016), 127.

38 위의 책, 104-142.

39 위의 책, 131.

40 George Barna, *Transforming Children into Spiritual Champion* (Ventura, CA: Regal, 2003), 81.

41 Maria Harris, *Fashion Me A People* (Louisville, KY: Westminster John Knox Press, 1989), 18, 64-70.
마리아 해리스는 이 두 가지 부르심을 목회적 소명과 교육적 소명이라고 부르며, 이 두 가지 소명을 이루어 가는 모든 활동을 교육목회라고 정의한다. 마리아 해리스는 기존의 학교식 교육이던 주일학교의 한계를 극복하는 대안적 용어로서 교육목회라는 단어를 사용하였다. 교육목회와 주일학교의 특징적인 차이점은 다음과 같다.

분야	교육목회 (educational ministry)	주일학교 (Sunday school)
주된 대상	교회 회중 전체	어린이와 청소년
주된 현장	교회 생활의 전 과정과 경험	주일학교 내 활동들
교육의 형태	하나님 나라 백성으로서의 목회적 소명과 교육적 소명에 따르는 삶의 상호 작용에서 일어나는 교육(선포, 예배, 교육, 교제, 선교)	학습교재 탐독, 개념적 지식을 통한 가르침
교회의 교육 구조	교회 전체가 같은 소명 아래 하나의 교육 과정을 지닌 공동체	성인 교육과 다음 세대 주일학교의 구조적 분리

42 https://terms.naver.com/entry.nhn?docId=441054&cid=42081&categoryId=42081 [2019. 3. 23. 접속]

43 https://terms.naver.com/entry.nhn?docId=5684203&cid=40942&categoryId=31910 [2019. 3. 23. 접속]

44 https://terms.naver.com/entry.nhn?docId=939508&cid=47319&categoryId=47319 [2019. 3. 23. 접속]

45 https://terms.naver.com/entry.nhn?docId=1065549&cid=40942&categoryId=31724 [2019. 10. 1. 접속]

46 Jason Helopoulos, *A Neglected Grace: Family Worship in the Christian Home* (Glasgow: Scotland, 2013), 30.

47 고사죽, "가정예배," 1.

48 특히, 최근 장로회신학대학교 박상진 교수가 섬기는 기독교학교교육연구소에서는 이와 관련된 전문적이고 다양한 컨퍼런스(우리 교회 새판짜기 교육 전략 세미나, 유바디 컨퍼런스 등)를 열어서 부모 중심의 교회교육과 교구 개편을 통한 교회학교 갱신을 주도하고 있다.

49 https://ko.wikipedia.org/wiki/성_파트리치오_축일; https://ko.wikipedia.org/wiki/할로윈 [2019.4.12. 접속]

50 Kathleen A. Cahalan and Bonnie J. Miller-McLemore, *Calling All Yesrs Good: Christian Vocation throughout Life's Seasons* (Erdmans, 2017), 8-9.

51 http://www.fbcgt.org/faith-path [2019.4.12. 접속]

52 https://www.perimeter.org/page/children-students/parent-support/parent-u/ [2019.4.12. 접속

53 https://www.lpkids.com/parentresources/ [2019.4.12. 접속] https://theparentcue.org/resources [2019.4.12. 접속] Parent Cue는 ReThink Group에서 제공하는 믿음의 부모를 위한 신앙양육 리소스 자료로서 자녀의 인생 주기(영유아기, 아동기, 청소년기, 청년기)는 물론이고 자녀의 삶과 연계된 구체적인 이슈들에 대한 기독교 교육적인 자료와 온라인 커뮤니티를 제공하고 있다.

54 https://fulleryouthinstitute.org/category/parenting [2019.4.13. 접속]

55 https://ministry-to-children.com/church-and-home3/ [2019.4.17. 접속]

56 https://parentstuf.org/elementary [2019.4.15 접속]

57 https://saddleback.com/connect/ministry/the-peace-plan#Equip [2019.4.16 접속]

58 http://www.choongshin.or.kr/edu/cnf/sub02.asp [2019.4.17 접속]

59 http://sedaero.org/board/bbs/show.php?id=2076&p_cate_id=47&category_id=48&group_code=bbs&pageID=&m_id=58 [2019.4.18 접속]

60 http://www.myungsun.or.kr/kes_homepage/myungsun_homepage/homepage_separate_new.php?category_tbname=myungsun_homepage&category_no=691&category_parent=4&selected_category=783 [2019.4.17 접속]

61 http://www.sangdang.org/main/sub.html?pageCode=126 [2019.4.17 접속]

62 대한예수교장로회총회교육부,《평생교육 커리큘럼의 이론과 실제》(서울: 한국장로교출판사, 2000), 38.

63 Erikson, *Childhood and Society*, 247; Gaukroger, *Sharing Jesus With Under Fives*, 55

64 James W. Fowler, *Stages of Faith: The Psychology of Human Development and the Quest for Meaning* (New York: Harper Collins Publishers, 1995), 121.

65 Gaukroger, *Sharing Jesus With Under Fives*, 52.

66 아이리스 V. 컬리,《종교교육》, 이태우 옮김 (왜관: 분도출판사, 1985), 27-28. 대한예수교장로회총회교육부,《평생교육 커리큘럼의 이론과 실제》, 41에서 재인용.

67 신형섭,《가정예배건축학》(장로회신학대학교출판부, 2017), 158.

68 위의 책, 160.

69 Lucie W. Barber,《유아를 위한 기독교교육》, 오태용 옮김 (서울: 정경사, 1983), 157-160.

70 신형섭,《가정예배건축학》, 153-154.

71 이규민, 김경진 외,《영유아기부터 아동기 어린이를 위한 영성교육: 예배, 교육, 성경 공부 프로그램과 더불어》(서울: 한국기독교교육교역연구원, 2008), 30; Gaukroger, *Sharing Jesus With Under Fives*, 77.

72 William Crain, *Theories of Development* (Englewood Cliffs: Prentice-Hall, 1980), 81; R. Goldman, *Religious Thinking from Childhood to Adolescence* (London: Routledge & Kegan Paul, 1964), 53.

73 Erikson, *Childhood and Society*, 252.

74 Gaukroger, *Sharing Jesus With Under Fives*, 89.

75 로버트 E. 클라크,《취학전 아동의 이해와 기독교교육》, 윤형복 옮김 (서울: 엠마오, 1989), 85. 대한예수교장로회총회교육부,《평생교육 커리큘럼의 이론과 실제》, 76에서 재인용.

76 Crain, *Theories of Development*, 130.

77 Gaukroger, *Sharing Jesus With Under Fives*, 89.

78 Erikson, *Childhood and Society*, 255-256.

79 위의 책 255-256.

80 양금희,《기독교유아아동교육》, 360-361.

81 신형섭,《가정예배건축학》, 171.

82 https://news.sbs.co.kr/news/endPage.do?news_id=N0300145737 [2019.4.15. 접속]

83 신의진,《디지털 세상이 아이를 아프게 한다》(북클라우드, 2013), 131-132.

84 https://www.mk.co.kr/news/society/view/2019/03/159391/ [2019.4.15. 접속]

85 http://www.mohw.go.kr/kids/content/sub020201.jsp [2019.4.15. 접속]

86 Mooney, *Theories of Childhood*, 81.

87 Fowler, *Stages of Faith*, 135-36.

88 Erikson, *Childhood and Society*, 258; 김여희, "정서가 기억 과정에 미치는 영향에 대한 뇌과학적 해석과 교육적 시사점," 35.

89 Mooney, *Theories of Childhood*, 81.

90 양애경·조호제, "자기주도적 학습과 학업성취도간의 관계," 韓國教育論壇 제8권 제3호, 2009.10, 64.

91 대한예수교장로회총회교육부,《평생교육 커리큘럼의 이론과 실제》, 198-199.

92 Erik H. Erikson, *Identity: Youth and Crisis* (New York: W. W. Norton & Company, 1994), 183.

93 E. Byron Anderson, *Worship and Christian Identity: Practicing Ourselves* (Collegeville: Liturgical Press, 2003), 31.

94 Mark DeVries, *Family-Based Youth Ministry* (Downers Grove, II: IVP Books, 2004), 67-68.

95 Jeffrey J. Arnett, *Emerging Adulthood: The Winding Road from the Late Teens through the Twenties* (New York: Oxford University Press, 2004), 7-17. 박향숙, "신생성인기(Emerging adulthood)의 신앙의 이해,"《복음과 교육》제13집 (2013. 6), 183에서 재인용.

96 Erikson, *Childhood and Society*, 263-264.

97 박향숙, "신생성인기의 신앙의 이해," 198-199.

98 위의 책 198-199.

99 위의 책, 192.

100 대한예수교장로회총회교육부,《평생교육 커리큘럼의 이론과 실제》, 389-394.

101 위의 책, 337-339.

102 장흥길,《울림세대여·일어나서 함께 가자》, 104-142. 이만식 교수의 조사연구는 총회 국내선교부의 자료를 참조하여 최근 3년 동안 교인 수가 100명 이상인 교회 중 무작위로 50개 교회를 선정하였으며, 청년은 총 2244명이 설문에 참여하였다.

103 http://www.bmi.or.kr/ [2019.3.27. 접속] 예,, 직장사연구소는 하나님의 부르신 소명과 실천의 자리로서 일터 사역에 관련된 연구, 전문적 역량 교육, 교회 및 사회기관과 네트워크를 통한 일터 목회와 일터 사역을 실천하고 있다.

104 신형섭,《가정예배건축학》, 153-154.

105 위의 책.

106 성은숙 외,《부모교육론》(서울: 양서원, 2013), 113.

107 Ellen Galinsky, *The Six Stages Of Parenthood* (Cambridge, MA: Addison-Wesley Publisher, 1987), 22-25.

108 위의 책, 70-74.

109 신형섭,《가정예배건축학》, 167; 이경우 외,《유아를 위한 기독교교육의 이론과 실제》(서울: 창지사, 1991), 91.

110 http://www.kicce.re.kr/kor/newsletter_mail/download/kicce_brief_no46.pdf [2019-4-13 접속]

111 Galinsky, *The Six Stages Of Parenthood*, 260-261.

112 Dean, *OMG*, 66.

113 성은숙 외,《부모교육론》, 115.

114 Arnett, *Emerging Adulthood*, 7-17. 박향숙, "신생성인기의 신앙의 이해," 183에서 재인용.

115 Fowler, *Faith Development and Pastoral Care*, 63-68.

116 홍숙자,《노년학개론》(하우, 2010), 168. 장신근, "통전적 신앙양육을 위한 가정-교회 연계 격대교육: 아동기를 중심으로" 장신논단 50 (2018.3), 294에서 재인용.

117 Anselm Grun and Jan-Uwe Rogge, *Kinder Fragen nach Gott*, 장혜경 옮김,《아이들이 신에 대해 묻다》(로도스, 2012), 31. 장신근, "통전적 신앙양육을 위한 가정-교회 연계 격대교육: 아동기를 중심으로", 311에서 재인용.

118 Chrystal Ramirez Barranti, "The Grandparents/Grandchildren Relationship: Family Resources in an Era of Voluntary Bonds," *Family Relations 34* (July 1985), 343-352; Marc Baranowski, "Grandparent-Adolescent Relations: Beyond Nuclear Family", *Adolescence* 17-67 (Fall 1982), 575-584; SBS 스페셜 격대교육 제작팀,《격대 육아법의 비밀》(서울: 경향미디어, 2013), 21. 장신근, "통전적 신앙양육을 위한 가정-교회 연계 격대교육: 아동기를 중심으로", 299에서 재인용.

119 성은숙 외,《부모교육론》, 116.

120 대한예수교장로회총회교육부,《평생교육 커리큘럼의 이론과 실제》, 460.

121 위의 책, 466-468.

122 위의 책, 459.

123 김재은,《기독교성인교육》(한국기독교교육학회, 2004), 346.

124 Linda Vogel, *The Religious Education for Older Adults* (Alabama: REP, 1984). 대한예수교장로회총회교육부,《평생교육 커리큘럼의 이론과 실제》, 466-468에서 재인용.

125 대한예수교장로회총회교육부,《평생교육 커리큘럼의 이론과 실제》, 464-465.

126 류혜옥·정진희, "죽음의 의미와 기독교상담" 한국기독교상담치료학회 7집 (2004), 133-134.

127 R. Anderson ed., *Theological Foundation for Ministry* (Edinburgh: T. & T. Clark, 1979), 7.

128 파커 파머,《가르침과 배움의 영성》, 이종태 옮김 (서울: IVP, 2014), 55.

129 Mark Debries, *Family-based Youth Ministry* (Downers Grove, IL: InterVarsity Press, 2004), 148.

130 이 경우, 담임목사는 주중에 교회학교 교육교역자들에게 미리 성인들에게 전하는 설교의 소주제를 공유하고 나누며 함께 준비하는 목회적 여정이 요청되기도 한다.

131 Kara Powell, *Sticky Faith: Everyday Ideas to Build Lasting Faith in Your Kids* (Grand Rapids, Michigan: Zondervan, 2011), 101, 111.

132 Joel R. Beeke, *Family Worship* (Grand Rapids: Reformation Heritage, 2009), 7.

133 론 헌터,《D6 DNA》, 78,

134 이에 대한 좀 더 자세한 내용과 사례에 대하여는 본서의 4장의 '교구를 자녀 연령별 교구로 개혁하라'를 참고.

135 신형섭, "다음 세대 교육의 통로는 교구: 부모발달단계별 교구편성 실제편"《한국 교회 강단-2019년 목회와 설교자료》(서울: 한국장로교출판사, 2018), 598-599.

136 https://ko.wikipedia.org/wiki/%EA%B5%90%EC%9C%A1_%ED%96%89%EC%A0%95 [2019.3.20. 접속]